안데스 고지의 감자밭(페루, 쿠스코시 친체로 마을(해발 약 3,800m)). 1월부터 3월 무렵까지 페루의 안데스 고지에서는 이처럼 꽃이 핀 감자밭을 각지에서 볼 수 있다.

선주민 케추아족 주민들의 감자 수확(페루, 쿠스코시 마르카파타 마을). 밭 하나에 10~20여 종의 감자 품종을 섞어 심는다.

더블린의 감자 대기근 기념동상(아일랜드). 먹을 것이 없어 비쩍 마른 사람들이 힘겹게 걷는 모습을 나타내고 있다.

고흐 〈감자 먹는 사람들〉 (1885년, 고흐미술관 소장). 유화 기법으로 82×114㎝의 캔버스에 그린 대작. '흙이 그대로 묻은 감자의 색을 얼굴색으로 표현하고자 노력한 작품.

감자로 보는 세계사

- 문명 · 기근 · 전쟁 -

야마모토 노리오 지음 | 김효진 옮김

AK

일러두기

1. 이 책은 국립국어원 외래어 표기법에 따라 외국 지명과 외국인 인명을 표기하였다.

2. 본문 중, 역주로 표기된 것 외에는 모두 저자의 주석이다.
* 역주
    예) 덩이줄기塊莖(괴경, 덩이 모양을 이루는 땅속줄기-역주), 휴한休閑(경작을 일시 중단함-역주)

3. 서적 제목은 겹낫표(『 』)로 표시하였으며, 그 외 인용, 강조, 생각 등은 따옴표를 사용하였다.
*서적 제목
    예) 『문명의 탄생』, 『잉카 왕조기』, 『농업의 관개와 경지 관리』

머리말 - 감자와 인간의 장대한 드라마를 찾아서

감자라는 말이 주는 인상은 그리 좋지 않은 듯하다. 가령 누가 면전에 대고 감자 같다고 하면 기분이 좋을 리 없고 화를 내는 사람도 있을 수 있다. 감자라는 말에는 '세련되지 못하거나' '촌스럽다'는 어감이 있기 때문이다. 그래서인지 감자류를 다른 곡류에 비해 처지는 이류 식품으로 생각하는 사람도 많다.

하지만 대표적인 감자류인 감자는 밀, 옥수수, 벼에 이어 재배 면적 세계 4위를 차지하는 중요한 작물이다. 또 감자는 재배하지 않는 나라가 거의 없을 만큼 세계 각지에서 널리 재배되고 있다. 하지만 이렇게 널리 이용되기까지는 오랜 세월이 걸렸으며 기구한 운명을 걸어왔다. 일본과 마찬가지로 유럽 등지에서도 감자를 이류 작물로 여겼기 때문이다. 심지어 '악마의 식물', '성서에 나오지 않는 식물'이라며 기피하는 나라까지 있다. 이처럼 감자는 오랫동안 편견에 휘말려 식품으로서 주목받지 못했다.

이런 편견은 일반인뿐 아니라 연구자들 사이에도 있다. 예컨대 감자류는 예부터 곡류와 함께 인류의 생존을 떠받쳐왔지만 인류사에서 감자류의 공헌에 관심을 갖는 연구자는 드물고 대부분 곡류를 중심으로 생각한다. 그런 탓인지 역사학자나 고고학자들은 농경 문명의 기원이 된 작물을 늘 곡류라고 보고 "감자 같은 것으로 문명이 탄생했겠느냐"고 말하는 고고학자도 있다. 과연 이것이 옳은 생각일까.

내가 이런 의문을 품게 된 것은 지금으로부터 40년 전인 1968년, 처음으로 안데스 지역을 방문했을 때였다. 당시 나는 교토대학교의 안데스 재배식물 조사단에 참가해, 신대륙 원산 재배식물을 찾아 반년 남짓 페루와 볼리비아 등의 중앙 안데스 지역을 자동차로 돌아보고 있었다. 안데스 지역은 감자를 비롯한 토마토, 담배, 고추 등의 원산지로 이들 식물의 기원을 찾기 위해 다양한 품종과 야생종을 조사했다.

이처럼 조사 대상은 재배식물과 그들의 야생종이었지만 조사차 돌아다닌 지역은 우연히도 잉카제국으로 대표되는 안데스 문명이 번성했던 곳이었다. 그 덕분에 안데스 각지에서 잉카 시대와 그 이전에 번영을 누린 다양한 시대의 유적을 볼 수 있었다. 게다가 안데스의 고지대에서는 흔히 '잉카의 후예'라고 알려진 선주민先住民들이 밭을 일구는 모습도 볼 수 있었다.

이렇게 안데스 지역을 여행하는 동안 나는 곡류가 문명을 탄생시켰다는 설에 의문을 품게 되었다. 안데스 지역의 대표적인 곡류는 옥수수인데, 이 옥수수가 예상만큼 대규모로 재배되고 있지 않았기 때문이다. 특히 해발 3,000m가 넘어가면 옥수수밭은 더욱 줄어든다. 고도가 높아지면서 이내 옥수수밭은 모습을 감추고, 감자를 중심으로 한 감자류 재배가 주를 이룬다. 또 여행하면서 본 선주민들도 옥수수가 아닌 감자 위주의 식사를 했다. 이런 관찰을 통해 최소한 안데스 고지대에서는 중미 원산의 옥수수가 아니라 감자가 사람들의 생활을 지지했을지 모른다는 생각을 갖게 되었다.

이런 생각을 좇아 그 후로도 계속해서 안데스 지역을 찾아갔다. 1970년대 후반까지는 거의 매년 안데스 지역을 방문했다. 결국에는 전공도 식물학에서 민족학(문화인류학)으로 전향했다. 안데스 고지에 사는 사람들과 감자의 관계를 더욱 깊이 연구하고 싶었기 때문이다. 그리고 1978년부터 1987년까지 과거 잉카제국의 중심지였던 쿠스코 지방의 한 농촌 마을을 자주 찾아가 통산 2년여에 걸쳐 농민들과 함께 생활하며 조사를 진행했다. 그 결과, 감자야말로 안데스 고지 주민들의 생활을 결정적으로 바꾼 작물이라고 확신하게 되었다.

하지만 안데스 지역의 자료만으로 이런 확신을 뒷받침하기에는 부족한 면이 있었다. 나는 잠시 안데스를 벗어나 감자를 주요 작물로 재배한다는 히말라야 고지의 셰르파 민족들의 생활상을 알아보기로 했다. 하지만 안타깝게도 문헌 자료만으로는 내가 알고 싶은 감자와 사람들의 생활의 관계를 파악하기 힘들었다. 결국 나는 직접 조사단을 꾸려 1994년부터 약 3년간 네팔 히말라야에서 10여 명의 연구팀과 함께 현지 조사를 진행했다. 이 조사에서도 감자는 셰르파 민족에게 꼭 필요한 식량이라는 사실이 분명해졌다. 또 감자의 도입은 셰르파 민족에게 '감자 혁명'이라고 할 만큼 커다란 변화를 가져왔다는 것을 알게 되었다.

이렇게 안데스와 히말라야의 주민들과 감자의 밀접한 관계를 확인한 나는 감자와 인간의 관계에 대해 더욱 자세히 알고 싶어졌다. 말하자면 감자는 어떻게 탄생했을까, 감자의 탄생은 안데스 지역 주민들의 생활에 어떤 영향을 미쳤을까, 또 안데스에서 탄생한 감자는 어떻게 전 세계로 퍼져나갔을까, 그리고 감자의 보급은 세계 각지의 사람들의 생활에 어떤 변화를 가져왔을까, 거기에는 다양한 드라마가 있었던 것이 아닐까. 이런 생각들이 꼬리에 꼬리를 물었다.

히말라야에서 돌아온 나는 티베트, 아프리카, 유럽을 돌며 감자와 인간의 관계를 찾아다녔다. 또 최근에는 일본에서도 홋카이도와 아오모리 등을 방문해 일본인과 감자의 관계를 조사했다. 그렇게 나는 감자와 인간 사이에 장대한 드라마가 있다는 사실을 알았다.

이 책은 그간의 조사와 문헌 등을 통해 얻은 지식을 정리하고 감자와 인간 생활의 관계를 밝힌 것이다. 이 책을 통해 그동안 알려지지 않았던 감자의 커다란 역할에 대해 알게 되기를 바란다.

목차

제1장
감자의 탄생
- 야생종에서 재배종으로

야생 감자Solanum acaule. 감자 크기를 왼쪽 담뱃갑과 비교해보았다.

야생 감자

감자는 밭에서 재배되는 것 외에 야생 상태에서 자라는 것도 있다. 밭에서 재배되는 감자는 재배종, 야생 상태의 감자는 야생종이라고 불린다. 이런 야생종 감자를 처음 본 것은 지금으로부터 40년 전인 1968년 12월 페루와 볼리비아의 국경 부근의 티티카카호수 근처였다. 티티카카호수는 호수면의 표고가 후지산 정상(해발 3,776m-역주)보다 높은 3,800m로 대형 선박이 지나는 호수로는 세계에서 가장 높은 곳에 있다고 알려진다. 티티카카호수 부근에는 초가지붕을 얹은 농가가 드문드문 눈에 띄고 감자 따위를 심은 밭도 있다.

이런 밭 사이를 사륜구동 차량을 타고 달리던 때였다. 12월은 우기雨期가 한창이라 사륜구동 차량이 아니면 진흙탕으로 바뀐 길을 달리지 못한다. 그렇게 간신히 흙탕길을 달리던 때 문득 밭 가장자리에 피어 있는 식물이 눈에 들어왔다. 잡초처럼 보이는 그 식물은 감자와 같은 보라색 꽃망울을 터뜨리고 있었다. 다만 감자로 보기에는 너무 작았다. 차를 세우고 자세히 들여다보았다. 과연 그 식물은 작기는 하지만 잎의 모양이나 전체적인 모습이 감

자와 매우 흡사했
다. 특히 사랑스러
운 보랏빛 꽃은 어
딜 보나 감자 꽃과
똑같았다. 혹시나
하는 마음에 뿌리
부터 캐내자 새끼

감자의 원산지, 티티카카호수 일대의 풍경.
뒤쪽은 볼리비아·안데스.

손가락 한 마디 정도의 작은 감자가 달려 있었다. 작지만
역시 그것은 야생종 감자였다.

그 후로도 야생종 감자는 티티카카호 일대를 포함한 중
앙 안데스 고지 곳곳에서 볼 수 있었다. 비가 거의 내리지
않는 건기乾期에는 말라버리기 때문에 쉽게 눈에 띄지 않
지만 우기가 되면 귀여운 꽃망울을 터뜨리기 때문에 비교
적 쉽게 찾을 수 있다. 밭 가장자리뿐 아니라 도로변이나
집 주위에서 잡초처럼 자라는 야생종도 많다. 잉카 시대
의 신전이나 묘지에 침입해 자라는 야생종도 있다.

어쨌든 야생종 감자도 새끼손가락 정도의 작은 감자를
맺고 있다. 하지만 현지 주민들 말에 따르면 야생 감자는
독성이 있기 때문에 먹지 못한다고 한다. 감자의 싹에는

독성이 있어서 먹지 못하는 것으로 알려져 있는데, 그것과 같은 유독 물질인 솔라닌이 다량 함유되어 있는 탓이다. 그런 이유로 현지 주민들은 야생종 감자를 사람은 먹지 않는다는 뜻의 '여우 감자'라고 부른다.

나는 야생 감자를 볼 때마다 '이렇게 작고 유독하기까지 한 감자를 안데스 사람들은 어떻게 훌륭한 작물로 만들어 냈을까'라는 의문을 갖게 되었다. 실은 이런 의문이 후에 내가 감자에 큰 관심을 갖게 된 계기가 되었다. 당시 나는 교토대학교 농학부 학생으로 안데스 지역 원산인 재배식물의 기원에 흥미를 갖고 있었다. 학생 신분이었지만 교관까지 참가한 안데스 조사단을 꾸려 1968년 안데스를 방문했다. 앞서 이야기한 티티카카호수 일대를 여행한 것도 그 조사의 일환이었다.

감자의 고향

감자는 식물학적으로 토마토, 담배, 고추, 가지 등과 같은 가짓과 가지속 식물이다. 가지속 식물은 1,500종에 이른다고 하는데 그중 약 150종이 덩이줄기塊莖(괴경, 덩이 모

남아메리카 대륙과 안데스산맥

양을 이루는 땅속줄기-역주)를 형성하는 소위 감자의 일종이다. 다만 이들 대부분이 야생종으로 재배종은 7종뿐이라고 한다. 이 재배종 7종 가운데 세계적으로 널리 재배되고 있는 것은 1종뿐이며, 나머지 재배종은 모두 안데스 고지에서만 분포되어 자라고 있다.

한편 야생종은 북쪽의 로키산맥부터 남쪽의 안데스 최남단 파타고니아까지 아메리카 대륙에 널리 퍼졌다. 고도

상으로는 해안 지대부터 해발 4,500m 부근 고지까지 분포되어 있다. 다만 이 야생종에는 재배종에 가까운 종과 먼 종이 있는데 재배종과 가까운 종은 모두 페루에서 볼리비아에 걸친 중앙 안데스 고지에 집중되어 있다. 이런 사실이야말로 티티카카호수 일대를 중심으로 한 중앙 안데스 고지가 감자의 고향이라는 것을 말해준다.

그렇다면 중앙 안데스 고지는 어떤 곳일까. 먼저 안데스에 대해 소개하려고 한다. 중앙 안데스는 안데스에서도 특이한 지역이기 때문이다.

안데스는 남아메리카 대륙의 태평양 연안을 따라 남북으로 약 8,000km에 걸쳐 뻗어 있는 지구상에서 가장 긴 산맥으로, 해발 6,000m 이상의 고봉도 적지 않다. 높이는 히말라야 고봉에 미치지 못하지만 그 길이는 히말라야의 약 3배에 달하는 실로 장대한 산맥이다. 그만큼 길게 뻗어 있기 때문에 크게 다음의 세 지역으로 나뉜다. 이른바 북부 안데스, 중앙 안데스, 남부 안데스이다. 이 중 북부 안데스의 대부분은 적도 이북에 위치하며 나라로 말하면 베네수엘라, 콜롬비아, 에콰도르로 뻗어 있는 산맥이다. 중앙 안데스는 페루와 볼리비아로 뻗어 있는 산악 지대를 가

리키며 그보다 남쪽의 칠
레와 아르헨티나 국경까지
뻗은 산맥이 남부 안데스
이다.

이처럼 안데스산맥은 적
도를 넘어 남북으로 길게
뻗어 있기 때문에 위도에
따라 환경 변화가 크다. 그
것을 단적으로 보여주는
것이 빙하와 만년설이 남
아 있는 이른바 설선의 높

안데스 최남단 파타고니아. 위도가
높기 때문에 빙하가 곧장 바다로
떨어진다.

이이다. 에콰도르나 페루처럼 위도가 낮은 지역의 설선雪
線은 해발 5,000m 전후이지만 안데스 최남단 파타고니아
의 설선은 해발 1,000m가 채 안 되며 장소에 따라서는 빙
하가 곧장 바다로 떨어지는 곳도 있다.

한편 위도가 낮아질수록 기온은 높아진다. 그렇기 때
문에 저위도 지대에 위치하는 지역은 열대 혹은 아열대권
이 된다. 저위도 지대에 위치한 북부 안데스와 중앙 안데
스는 종종 '열대 안데스'로 불린다. 이 두 지역에서는 일반

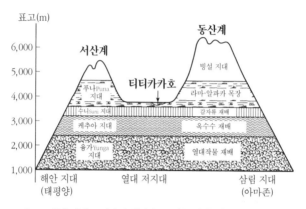

표고(m)

6,000

5,000

4,000

3,000

2,000

1,000

동산계

서산계

빙설 지대

푸나Puna 지대

티티카카호

라마·알파카 목장

수니Suni 지대

감자류 재배

케추아 지대

옥수수 재배

융가Yunga 지대

열대작물 재배

해안 지대
(태평양)

열대 저지대

삼림 지대
(아마존)

그림 1-1 중앙 안데스 남부의 환경과 그 이용 형태. 왼쪽은 현지 주민들에 의한 환경 구분 명칭. 예컨대 푸나Puna 지대는 고산 초지대를 뜻한다.

사람들이 생각하는 열대권과 크게 다른 환경이 나타난다. 6,000m에 달하는 고도차가 큰 산악 지대이기 때문에 표고가 높은 곳에서는 고산 초지대나 빙설 지대를 볼 수 있는 것이다(그림 1-1).

이처럼 북부 안데스와 중앙 안데스가 저위도 지대에 위치하는 것은 다양한 점에서 중요한 의미를 갖는다. 앞서 해발 3,800m에 달하는 티티카카호 일대에서 농가와 밭을 볼 수 있는 것도 저위도 지대에 있는 만큼 일 년 내내 기후가 비교적 온화하기 때문이다. 그리고 이런 고지에서도 사람이 산다는 것이 후에 이야기할 '감자의 탄생'에 결정적인 역할을 했다.

또 한 가지, 중앙 안데스 고지에서 감자가 탄생할 수 있었던 환경 조건이 있다. 본래부터 중앙 안데스 고지에는 덩이줄기를 형성하는 식물이 많았다는 것이다. 중앙 안데스 고지는 비가 자주 오는 우기와 비가 거의 오지 않는 건기로 나뉘는데 이런 환경이 덩이줄기를 형성하는 식물의 출현에 큰 영향을 미쳤다. 긴 건기는 식물의 생육에 적합하지 않은데 이런 건기에 적응한 식물 생태의 하나가 땅속줄기나 뿌리에 양분을 저장하는 것이기 때문이다.

실제 중앙 안데스 고지에는 덩이줄기를 형성하는 식물이 많다. 감자가 속한 가짓과 외에도 괭이밥과, 낙규과, 한련과, 미나리과, 국화과, 십자화과 등의 식물도 덩이줄기를 형성한다고 알려져 있다. 또 이들은 모두 야생종뿐 아니라 재배종으로도 알려져 있다. 다시 말해, 안데스 지역 주민들은 이런 감자류를 오랫동안 이용해왔다는 것이다.

재배화란

그렇다면 이런 야생종에서 어떻게 감자의 재배종이 탄생했을까. 먼저 이야기해둘 것이 있다. 감자는 물론 우리가 평소 먹고 있는 '재배식물'은 모두 인간이 만들어낸 것이라는 점이다. 다만 여기서 말하는 재배식물이란 단순히 인간이 재배하는 식물이라는 의미가 아니다. 재배식물은 인간이 재배 과정에 관여해 적절히 개량한 결과 야생식물과 완전히 달라진 식물을 말한다. '작물'이라고도 부르는 이 재배식물은 그야말로 인간에 의해 만들어진 식물이다.

종자식물은 무르익으면 종자가 홀홀 떨어지거나 바람에 날려 퍼진다. 야생식물의 번식을 위해 필요한 이런 성질은 '종자의 탈락성'이라고 한다. 하지만 종자의 탈락성은 인간이 이용하기에 적합하지 않기 때문에 종자를 이용하는 재배식물은 거의 예외 없이 이 성질이 없는 것들이다. 아마 인간은 수확할 때까지 종자가 탈락하지 않는 것을 선택해 그 식물만 재배했을 것이다. 혹은 야생식물을 재배하면서 돌연변이로 생겨난 비탈락성 종자를 발견했는지도 모른다. 또 식용으로 이용하기에 일반 야생 감자는 너무 작기 때문에 더 큰 것을 선택하는 노력도 있었을 것이다.

　이런 노력이 몇백 년 혹은 몇천 년 넘게 이어진 결과, 인간은 야생식물과 크게 다른 재배식물을 만들어낸 것이다. 이처럼 인간이 동식물을 자신들이 이용하기 좋게 바꾸는 것을 '도메스티케이션Domestication'이라고 한다. 우리말로는 보통 동물의 경우에는 '가축화', 식물의 경우에는 '재배화'로 번역하므로 앞으로는 이렇게 부르기로 한다.

　그렇다면 감자의 재배화는 어떻게 이루어졌을까. 실은 아주 오래전 일이라 남아 있는 자료가 없다. 하지만 다소 대담하긴 하지만 추리해볼 수는 있다. 먼저, 확실한 것이 있다. 그것은 지금으로부터 약 1만 년 전 안데스에 처음으로 인류가 나타났을 당시에는 감자는 물론 재배식물이라고는 전혀 없었다는 점이다. 당시 아메리카 대륙에는 농업이 전해지지 않았기 때문에 모든 주민들은 수렵이나 채집 생활을 했던 것으로 보인다. 특히 안데스에 처음 등장한 '최초의 안데스인'은 마스토돈(멸종한 코끼리형 포유류)이나 말 혹은 라마나 알파카 등의 선조에 해당하는 낙타과 동물 등을 사냥하는 '대형 동물 사냥꾼'으로 유명했다.

　하지만 그들이 동물의 고기만 식량으로 삼았던 것은 아

니다. 후에 대형 동물들이 빠르게 사라지자 식물도 적극적으로 식량으로 이용했던 것으로 보인다. 수렵과 함께 식물을 채집함으로써 야생식물의 종자나 열매 혹은 뿌리와 줄기 등도 식량으로 이용했을 가능성이 높다. 특히 안데스 고지에서는 뿌리나 줄기가 비대해진 감자류가 중요한 식량원이 되었던 것으로 보인다. 다음에서 그 이유에 대해 알아보자.

조상종은 잡초

먼저 안데스 고지에는 식량원이 될 만한 식물이 드물다. 특히 감자의 원산지로 알려진 해발 4,000m에 가까운 고지는 삼림한계를 넘기 때문에 수목이 없고 과실을 거의 얻을 수 없다. 고원을 뒤덮은 식물 대부분은 이추Ichu라고 불리는 벼과의 식물인데 종자가 너무 작아 식량으로 삼기는 어렵다. 이 작은 종자에 비하면 감자류는 가식부가 많기 때문에 수렵 채집을 하던 사람들에게는 매력적인 식량이었을 것이다.

다만 감자류는 인간이 이용할 수 있는 부분이 땅속에 형

성되기 때문에 곡류
보다 발견이 어려웠
을 것이다. 하지만 인
간이 채집해 이용하던
야생 감자류는 인간의
생활권에서 그리 멀지

잉카 시대에 세워진 돌담 틈새에서 자
라는 야생 감자S. raphanifolium.

않은 장소에 자생했을 가능성이 있다. 훗날 재배식물이 된
감자류는 이른바 인간적인 환경에서만 생육하는 '잡초'였기
때문이다.

　잡초라고 하면 흔히 방해가 되거나 도움이 되지 않는 식
물이라는 인상이 있지만 여기서 말하는 잡초란 조금 다른
식물군이다. 즉, 잡초란 인간이 교란한 환경에 적응해 인
간에 의해 생겨난 식물을 말한다. 실제 잡초는 길가나 밭
혹은 공한지 등에서 생육하고 자연림이나 자연 초원에는
침입하지 않는다. 인간이 이용하게 된 감자류도 이런 잡
초형 식물로 인간과 가까운 환경에서 생육했을 것으로 생
각된다.

　실제 인간이 계속해서 이용하는 환경은 자연적 생태계
에서는 찾아볼 수 없는 인공적인 환경으로 바뀐다고 한

다. 예를 들어 땔감으로 쓰기 위해 나무를 베거나 이동하면서 길을 내거나 배설물을 남기는 등의 행동이 계속되면 그 환경은 인간에 의해 교란된다. 머지않아 그런 환경에서만 생육하는 식물이 나타나는데 그런 식물이 바로 잡초인 것이다.

안데스 고지에서 야생식물의 잡초화를 촉진했을 것으로 보이는 또 다른 요인이 있다. 낙타과 동물의 분포와 이용이다. 안데스 고지에는 라마와 알파카라는 두 낙타과 가축이 있다. 가축화 전에는 그들의 야생종을 길들이려는 오랜 노력이 있었을 것이다. 이를테면 동물 무리를 한데 가두어 기르려는 시도를 통해 앞에서 이야기한 생태계 교란이 발생했을 수 있다.

이런 동물 사육장에서는 대량의 분뇨가 나오게 마련인데 이것이 큰 의미를 갖는다. 인간의 배설물이나 동물의 분뇨에는 질소를 비롯한 다양한 물질이 포함되어 있다. 그리고 이런 물질 특히 질소에 적응한 이른바 호질소성 식물이 나타난다. 호질소성 식물이란 질소가 풍부한 토양에서 잘 자라는 식물을 말한다. 한편 야생식물은 대부분 이렇게 질소가 풍부한 비료를 주면 성장 균형이 깨지는 것으로 알려진다. 이렇게 감자류의 야생종 중에서도 교란된 환경에서만 생육하는 이른바 잡초형 식물이 나타난 것으로 보인다.

독과의 전쟁

감자 등의 야생 감자류를 금방 발견했어도 그것을 먹는 것은 쉽지 않았을 것이다. 일반적인 야생 감자류의 덩이줄기(땅속줄기가 비대해진 것)나 덩이뿌리(뿌리가 비대해진 것)에는 다량의 유독 성분이 있기 때문이다. 야생 감자류의 입장에서는 번식을 위해 동물 등의 먹이가 되는 것을 막는 방편이었지만 그것을 먹으려는 인간에게는 골칫거리였다. 아무리 먹음직스러운 감자류도 유독 성분 때문에 가열만 해서는 먹지 못할 만큼 쓴맛이 났을 것이다.

예컨대 야생 감자에는 솔라닌이나 차코닌 등의 알칼로이드성 유독 물질이 다량 포함되어 있다. 또 괭이밥과의 감자에는 옥살산, 낙규과의 감자에는 사포닌 등의 유독 물질이 들어 있다. 화학자들의 조사에 따르면 보통 야생 감자에는 100g당 100mg 이상의 솔라닌이 포함되어 있는데 인간은 솔라닌이 15~20mg 정도만 들어 있어도 쓴맛을 느끼며 인체에도 유독하다고 한다. 그런데 야생 감자에는 그 허용량의 5배가 넘는 유독 물질이 들어 있다. 이 솔라닌의 독성은 크게 강하지 않지만 다량 섭취하면 목숨을 잃을 수도 있다.

과연 인간은 감자의 유독 물질을 어떻게 이용했을까. 이것은 두 가지로 생각할 수 있다. 첫 번째는 최대한 유독 성분이 적은 감자를 골라내 선택적으로 먹었다는 것이다. 확실히 재배화된 감자는 유독 성분의 함유량이 적었기 때문에 이런 노력이 있었을 수 있지만 유독 성분이 적은 야생 감자는 예외적인 존재라 그것을 찾아내기란 매우 어려웠을 것이다.

두 번째는 인간이 감자의 유독 성분을 무독화하는 기술을 개발했다는 것이다. 이 무독화에 관해 중앙 안데스 고지의 감자에는 흥미로운 지점이 있다. 재배종 감자에도 유독 성분이 다량 함유되어 있기 때문에 무독화하지 않으면 먹을 수 없다는 점이다. 이런 감자를 현지의 케추아어로는 루키Ruki, 스페인어로는 '쓴 감자'라는 뜻의 파파 아말가Papa amarga라고 부른다.

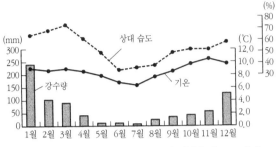

그림 1-2 라파스(해발 약 4,100m)의 기후. [이과 연표 2007] 참조

나는 감자의 무독화 기술이 본래 야생 감자류의 무독화 기술에서 발전한 것이 아닐까 생각한다. 실제 안데스의 일부 지방에서는 지금도 야생종을 무독화해 먹는 곳이 있다. 여기서 감자의 무독화 방법을 소개하고자 한다. 중앙 안데스 고지의 독특한 기상 조건을 이용한 기상천외한 방법이다.

먼저 중앙 안데스 고지의 기상 조건을 살펴보자. 그림 1-2는 티티카카호 일대와 가까운 볼리비아 라파스공항(해발 약 4,100m)의 강수량, 평균 기온, 상대 습도를 나타낸 도표이다. 이 도표에서도 알 수 있듯 중앙 안데스 고지의 1년은 건기와 우기로 나뉘는데 4월부터 9월경까지가 건기, 나머지 기간이 우기이다. 건기는 비가 오지 않을 뿐 아니라 건조하고 하루 동안의 기온 변화도 극심하다. 그중에서도 6월은 일 년 중 습도가 가장 낮고 하루 동안의 기온 변화가 가장 크다. 해발 4,000m가량의 고지에서도 낮에는 따뜻하고 밤에는 영하 5~6℃까지 기온이 내려간다. 오전에는 서리가 내려 고원이 온통 하얗게 변하지만 해가 떠오르면 기온이 크게 상승해 햇볕이 뜨겁고 더울 때도 있다.

무독화 기술의 개발

감자의 무독화는 이런 기상 조건을 이용한다. 먼저 바깥에 감자를 널어놓는 것부터 시작한다. 이때는 감자가 서로 닿거나 포개지지 않도록 벌여놓는다. 감자 알 하나하나가 바람을 잘 쐬도록 하는 것이다. 이 상태로 수일간 방치한다. 방치된 감자는 밤에는 얼었다가 낮에는 녹는 과정을 되풀이한다. 그렇게 수일이 지나면 감자는 손으로 누르기만 해도 수분이 배어나올 만큼 부드럽고 팽윤한 상태가 된다. 이런 감자를 조금씩 모아 쌓은 뒤 발로 밟는다. 짓이긴 감자에서는 수분이 흘러나온다. 수분이 나오지 않을 때까지 감자를 골고루 리드미컬하게 밟는다.

추뇨 만들기. 부드러워진 감자를 발로 밟아 수분을 제거한다.

그 리듬에 맞춰 감자에서는 '추적추적' 소리와 함께 수분이 흘러나온다. 참고로 나도 이 작업을 함께 해보았는데 생각보다 감자에서 나온 수분이 차갑지 않고 따뜻해서 놀랐던 기억이 있다.

수분이 나오지 않을 때까지 짓이긴 감자는 또다시 펼쳐 널고 그대로 수일간 방치한다. 건기의 30% 전후의 낮은 습도, 20℃ 이상의 극심한 기온 변화 덕분에 감자의 수분은 거의 날아간다. 앞서 이야기했듯이 감자의 주된 유독 성분은 알칼로이드성 물질인 솔라닌으로 이 솔라닌은 세포 안에 있는 액포에 존재한다. 따라서 감자를 발로 밟으면 세포벽이 파괴되면서 액포의 수분과 함께 유독 성분도 함께 흘러나오는 것이다.

물론 안데스 지역 주민들이 이런 식물의 구조를 처음부

터 알고 있었던 것은 아니고, 유독 성분 때문에 먹기 힘든 감자류를 먹으려고 시도하면서 경험적으로 알게 되었을 것이다. 그리고 그것은 야생 감자를 이용하게 되면서 시작된 것이 아니었을까. 다만 방법은 훨씬 단순했을 수 있다. 예컨대 발로 밟거나 말리지 않았는지도 모른다. 야생 감자는 새끼손가락 정도의 작은 감자를 형성하기 때문에 발로 밟지 않고 손으로 쥐어짜기만 해도 충분히 수분을 제거할 수 있었기 때문이다.

이 방법이 알려지기 전까지 안데스 주민들은 유독 성분이 있는 야생 감자와의 기나긴 전쟁을 치렀을 것이다. 유독 성분이 있는 것을 모르고 먹었다가 복통을 앓은 사람도 있었을 것이다. 어쩌면 유독 성분이 든 감자를 많이 먹고 목숨을 잃은 불운한 사람도 있었는지 모른다.

여기서 주목해야 할 것은, 감자의 독을 없애는 방법을 알아내 이용한 곳이 재배화가 이뤄진 중앙 안데스의 고지뿐이라는 것이다. 이것은 우연의 일치일까. 그렇지 않을 것이다. 이는 재배화와 가공 기술의 밀접한 관계를 말해준다고 생각한다.

무독화해 건조시킨 감자는 '추뇨Chuno'라고 불린다. 이 추뇨는 본래의 생감자에 비해 중량과 크기 모두 절반에서 3분의 1 정도로 작은 코르크 모양이다. 그 덕분에 추뇨는 상태만 좋으면 몇 년이고 저장할 수 있다. 또 가볍고 운반이 편리하기 때문에 교역품으로서도 귀한 대접을 받았다.

따라서 지금까지 추뇨는 저장과 운반이 쉬운 가공품으로서의 가치만이 강조되어왔다. 물론 그 가치는 매우 크다. 보통 감자류는 수분을 다량 함유하기 때문에 상하기 쉽고 저장도 불편했는데 이런 결점을 추뇨의 가공 기술로 극복했기 때문이다. 이 점에 대해서는 나중에 다시 검토하겠지만 이 가공법이 무독화 기능을 겸하고 있었다는 것을 강조해두고 싶다.

재배 감자의 탄생

무독화 기술의 개발은 아직 농경 기술이 전해지지 않았던 안데스 고지 주민들에게 혁명적인 변화를 가져왔을 것이다. 유독 성분 때문에 먹지 못했던 다양한 감자류를 식용으로 이용할 수 있었기 때문이다. 그렇다면 그들은 채집뿐 아니라 거주지 근처에 감자를 심었을 수 있다. 재배를

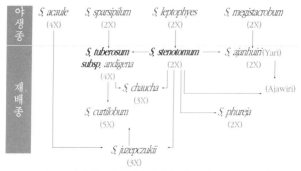

그림 1-3 감자 재배종의 진화 및 배수성[Hawkes, J. G. 1990]

시작한 것이다. 사실 감자 재배가 어떻게 시작되었는지 알려진 바는 없지만 내가 생각하는 경위는 다음과 같다.

… 수렵 채집 시대 안데스 고지의 주민들은 가까이에 있는 잡초형 감자를 오랫동안 반복해서 이용했다. 그러는 동안 잡초형 감자에 관한 지식을 축적한 그들은 감자를 다시 심어 재생산할 수 있다는 것을 알았다. 또한 반복해서 심은 감자 중 돌연변이 등으로 커다란 덩이줄기를 형성하는 종도 생겨났다. 그 과정에서 조금이라도 유독 성분이 적은 감자를 찾아내 계속해서 재배했을 가능성도 있다. 그렇게 가열만 해서 먹을 수 있고 커다란 덩이줄기를 형성하는 감자가 탄생한 것이 아닐까….

확실히 증명된 경위는 아니지만 이렇게 생각하지 않으면 감자의 재배화 과정을 이해할 수 없다. 실제 재배화된 감자에는 유독 성분이 적었으며 덩이줄기 자체도 컸다.

　식물학적으로 재배화된 감자는 한 종류가 아니라 7종이나 된다. 그중 가장 먼저 재배화된 감자는 2배체(감자의 기본 염색체 수는 12개로, 그 2배인 24개의 염색체를 가진 감자)로 학명은 솔라넘 스테노토멈Solanum Stenotomum이다(그림 1-3). 그 후 이 스테노토멈종에서 다양한 환경에 적응한 여러 재배종이 탄생했다.

　이 스테노토멈종 감자를 재배하던 밭에서 더 큰 덩이줄기를 형성하는 감자가 나타났다. 스테노토멈종의 2배의 염색체수를 가진 4배체 감자 투베로섬Tuberosum종이다. 이 4배체 감자의 출현으로 안데스 지역 주민들은 더 많은 감자를 수확할 수 있었다. 4배체 감자는 안데스의 거의 전 지역에서 재배되게 되었다. 참고로 이 4배체 감자 솔라넘 투베로섬은 현재 세계 각지에서 널리 재배되고 있으며, 나머지 재배종은 지금도 안데스 지역에서만 재배되고 있다.

　그 후에도 안데스에서는 36개의 염색체를 가진 3배체, 60개의 염색체를 가진 5배체 감자가 출현하면서 총 7종의

표 1-1 남아메리카의 유독 작물과 주요 가공법

작물명	학명	유독 성분	가공 방법
마니오크	*Manihot esculenta*	청산	물에 담그기, 가열
감자	*Solanum juzepczukii* *S. curtilobum*	솔라닌	동결건조, 물에 담그기, 발효
오카	*Oxalis tuberosa*	옥살산	동결건조, 물에 담그기
퀴노아	*Chenopodium quinoa*	사포닌	물에 담그기
타루이	*Lupinus mutabilis*	루파닌	물에 담그기

감자가 재배화되었다. 그리고 그 품종은 수천여 종에 이른다. 여기에서 주의해야 할 것은 '종'이라는 것은 식물학에서 말하는 종Species을 뜻하며, 각각의 종에서 다수의 '품종'이 탄생한다는 것이다. 예컨대 일본에서 재배되고 있는 '메이퀸May Queen'이나 '남작Irish Cobbler(男爵)'은 품종명이며, 식물학적으로는 둘 다 4배체 솔라넘 투베로섬종에 속한다. 또 현재 세계 각지에서 다양한 품종이 재배되고 있는데 이들은 모두 투베로섬종이다. 바꿔 말하면 세계 각지에서 재배되는 감자의 품종은 모두 안데스에서 탄생한 투베로섬종에 그 기원을 두고 있으며, 안데스를 떠난 후부터 분화한 것이다.

또한 감자의 야생종뿐 아니라 모든 감자류의 야생종은 일반적으로 유독 성분을 포함하고 있다. 그리고 다른 감자류에도 이런 무독화 기술이 개발되었다. 가령 괭이밥과의 오카Oca는 감자와 마찬가지로 동결건조하거나 물에 담가 무독화한다. 다량의 옥살산을 함유한 오카는 익히기만 해서는 먹을 수 없다. 한편 안데스 주민들은 감자류뿐 아니라 표 1-1과 같이 다른 작물도 무독화해서 이용한다. 무독화 기술은 중앙 안데스 고지에서 야생식물을 식량원으로 이용하면서 최초로 개발된 것이 아닐까 생각된다.

재배 개시

지금까지 이야기한 감자의 이용부터 재배화에 이르는 과정이 다소 성급했는지 모른다. 감자의 재배화는 기원전 5000년경으로 알려져 있다. 최초의 안데스인이 감자를 이용하기 시작한 이래 재배화까지 수천 년이나 되는 긴 세월이 걸렸기 때문이다. 이 수천 년 동안 중앙 안데스 고지의 주민들은 사슴과 낙타과 동물을 중심으로 수렵 생활을 하며 야생식물 자원도 이용했다. 이런 고지 중심의 생활이

라마. 주로 짐 운반용으로 이용되는 낙타과의 가축.

야말로 중앙 안데스 고지에서 수많은 동식물의 가축화와 재배화가 이루어진 큰 요인이라고 볼 수 있다. 중앙 안데스 고지에서는 앞서 이야기한 감자의 재배화뿐 아니라 오카Oca·올루코Olluco·마슈아Mashua 등의 감자류, 퀴노아Quinoa·카니와Kniwa 등의 곡류, 타루이Tarui 등의 콩류도 재배되었다. 또 앞서 이야기한 라마와 알파카 등의 낙타과 동물이 가축화하기도 했다.

과연 감자의 재배화는 안데스 주민들의 생활에 어떤 변화를 가져왔을까. 가장 먼저 떠올릴 수 있는 것은 식량의 채집 및 수렵 생활에서 식량을 생산하게 된 것이다. 안데스뿐 아니라 세계 각지에서 일어난 이 변화는 인류 역사에 매우 큰 의미를 갖는다. 고고학자들은 이를 가리켜 '농업 혁명' 혹은 '식량 생산 혁명'이라고 부른다.

식량의 채집에서 생산이라는 생활 체계의 변화에 대해 고고학자 윌리엄 샌더스는 다음의 세 가지로 정리했다.

(1) 식량 채집이 계절에 따른 인구 이동을 필요로 하는 데 비해 식량 생산은 정주화를 촉진하고 정주지의 지리적 범위를 크게 확대한다.

(2) 채집 수렵 체계에서는 생산성이 가장 높은 환경에서조차 식량의 양이 계절적으로 혹은 해마다 크게 변동하기 때문에 인구는 최저 수준으로만 안정되는 경향이 있다. 한편 식량 생산 체계에서는 생산되는 식량의 전체량이 대폭 증가하고 그 때문에 인구 밀도의 잠재적 가능성이 증대한다.

(3) 식량 생산은 식량 공급을 달성하는 데 필요한 시간의 총량을 감소시킨다. 그로 말미암아 발생한 잉여 시간은 경제, 사회, 정치, 종교 등의 다양한 활동에 할애할 수 있다.

요컨대 식량의 채집에서 생산으로의 변화는 정주의 발달, 인구의 증가, 잉여 시간의 증가를 가져왔다. 여기서 주의해야 할 것이 있다. 식량 생산의 최초 단계에서는 다양한 종류를 식량원으로 이용했지만 농경을 기반으로 한 사회에서는 하나 혹은 두세 종류의 재배식물이 인구 대부분의 식량으로 공급되었다. 이를 주 작물이라고 하는데 이들 작물에서 필요한 열량의 대부분을 섭취한다. 주식으로 이용되는 재배식물은 대개 단위 중량 및 단위 경작 면적당 열량이 높은 곡류와 감자류이다.

이 점에서 안데스를 주목해야 할 이유가 있다. 안데스 지역에서는 곡류의 재배화가 전혀 이루어지지 않았지만 다종다양한 감자류가 재배되었다는 것이다. 그리고 그 다종다양한 감자류의 중심이 된 것이 감자였다.

그렇다면 감자는 안데스 고지 주민들의 생활에 어떤 변화를 가져왔을까. 다음 장에서 살펴보기로 하자.

제2장
산악 문명을 탄생시킨 감자
- 잉카제국의 농경문화

잉카 시대 감자를 심는 모습. 왼쪽 남성이 들고 있는 도구는
족답식 가래이다[Guaman Poma 1613].

감자는 문명을 탄생시킬 수 없다?

이번 장의 제목을 읽고 고개를 갸웃할 독자도 있을 것이다. 고고학이나 역사학적 상식으로는 감자류가 아니라 곡류 중심의 농경이 문명을 탄생시킨 원동력이 되었다고 보기 때문이다. 실제 비교문명학자인 이토 슌타로伊東俊太郎는 다음과 같이 말했다.

… 요컨대 농경사회에서 문명사회가 형성되려면 축적 가능한 곡물 생산에 의한 잉여 농산물의 존재가 전제가 된다. 이 잉여 농산물에 의해 직접 농경에 종사하지 않는 인구(고든 차일드가 말한 [사회 잉여])가 탄생함으로써 도시 문명이 꽃피었다. 즉, 곡물 농경이야말로 문명사회 성립의 필수 기반인 것이다.

(이토 슌타로『문명의 탄생』중)

역사학자 에가미 나미오江上波夫 역시 곡물 농경에 대해 다음과 같이 말했다.

곡물 농경은 인간의 집락을 농촌에서 도시로 발달시킨

유일무이한 경제적 요인이었다. 감자류 농경, 채소 농경, 과실 농경 등과 양·산양·소·돼지 같은 식용 가축 사육 등의 이른바 비곡물 농경, 목축을 통한 생산 경제로는 1만 명 이상의 인구가 한데 모여 살 수 없기 때문에 도시의 성립은 불가능하다.

(에가미 나미오 『문명의 기원과 성립』 중)

이처럼 에가미 씨는 감자 중심의 감자류 농경에서는 문명이 탄생할 수 없다고 단언했다. 또 에가미 나미오와 이토 슌타로는 입을 모아 곡물 농경이 문명을 탄생시켰다고 강조한다. 이런 주장 때문인지 지금까지 감자가 아닌 옥수수 중심의 농경이 안데스 문명을 탄생시켰다는 것이 정설이었다. 예컨대 일본의 고등학교 역사 교과서에는 거의 대부분 '안데스 문명은 옥수수 농경을 기반으로 성립해 발달했다'고 기술되어 있다.

과연 이런 주장이 사실일까. 그렇지 않다. 나는 감자야말로 안데스의 산악 문명을 탄생시켰다고 생각한다. 여기서 주의해야 할 점이 있다. 안데스는 태평양 연안의 해안 지대와 산악 지대 양쪽에서 각각 문명이 탄생했으며, 그

차빈 데 우안타르 유적. 이 유적 아래 지하 회랑이 있다.

것을 총칭해 안데스 문명이라고 부른다는 것이다. 그리고 내가 생각하는 감자에 의해 탄생한 문명은 해안 지대가 아닌 산악 지대에서 형성된 문명을 말한다.

따라서 앞으로 풀어나갈 이야기는 안데스 중에서도 산악 지대에 초점을 맞추고 있다는 점을 말해두고자 한다.

신전과 감자

앞서 감자는 기원전 5000년경부터 재배되었다고 이야기했는데 그 후 농경의 역사는 전해지지 않는다. 특히 비가 거의 내리지 않는 해안 지대와 달리 안데스의 산악 지대는 비가 내리기 때문에 고고학적 유물이 드물고 농경의 역사를 알기도 어렵다.

그러나 이윽고 농경의 발달을 말해주는 유적이 안데스 각지에 출현했다. 바로 신전이다. 앞서 말한 농경의 발달로 잉여 시간이 생기고 경제, 사회, 정치, 종교 등 다양한 활동이 가능해지면서 신전이 나타났다고 생각된다.

그런 신전 중 하나로 기원전 800년경에 세워진 차빈 데 우안타르가 있다. 유네스코 세계문화유산으로 등록되어 유명해진 차빈 문화를 상징하는 신전이다. 이 신전은 아마존강의 지류 중 하나인 마라논강의 원류에 가까운 해발 약 3,200m에 위치한다. 안데스의 산악 문명을 상징하는 듯한 신전이다.

이 신전에는 각각 원형과 사각형의 반지하식 광장과 카스티요라고 불리는 성채가 있다. 이들 건물 아래에는 지하 회랑이 있고, 그 회랑 한 곳에는 약 4.5m 높이의 비석이 세워져 있어 제사센터로서의 특징을 보여준다.

과연 이런 신전을 지은 사람들의 생활을 떠받친 농업은 무엇이었을까. 이전까지는 옥수수 농경이라고 생각하는 연구자가 적지 않았다. 하지만 나는 이 신전을 처음 방문한 1978년 이래 그런 생각에 의문을 품게 되었다. 옥수수 농경이 이루어졌다는 근거가 빈약했기 때문이다. 또 차빈 데 우안타르 신전이 있는 3,200m의 고도는 옥수수의 재배 한계선으로, 오히려 한랭한 고지에서도 재배할 수 있는 감자가 작물로서 적합하다고 생각했기 때문이다.

하지만 썩기 쉬운 감자의 특성상 고고학적 유물로서 거의 남아 있지 않아 내 의문은 풀리지 않은 채였다. 이런 문제는 종래의 고고학적 방법으로는 해결할 방법이 없었기 때문이다. 그러던 1990년, 획기적인 방법이 도입되었다. 사람의 뼈에 있는 단백질(콜라겐)을 추출해 그것을 구성하는 주 원소인 탄소와 질소의 양을 측정하고, 그 수치로부터 생전의 식생활을 복원하는 방법이다. 이로써 고대인이 무엇을 통해 열량과 단백질을 섭취했으며, 그 비율은 어떠했는지를 밝혀낼 수 있게 되었다.

이 새로운 연구 방법은 육상 식물의 광합성 기능에 서로 다른 세 가지 유형이 있다는 사실이 밝혀짐으로써 탄생할 수 있었다. 육상 식물은 세 종류의 식물군으로 분류되는데 이를 C3형 식물, C4형 식물, CAM형 식물이라고 부른다. 구체적인 예를 들면 C3형 식물에는 벼, 보리류, 콩류,

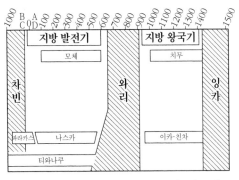

그림 2-1 안데스 고대 문화 편년표.[프랭클린 피스·마스다 요시오 1988]를 일부 변경.

고구마, 감자 등이 포함된다. C4형 식물은 광합성 능력이 높다고 알려진 사탕수수, 옥수수, 수수, 조, 기장 등이다. CAM형 식물에는 선인장, 용설란(데킬라 등 술의 원료로도 유명) 등의 다육 식물이 있으며, 인간의 식생활에 관련된 재배식물은 거의 없다.

이렇게 광합성 기능이 다른 식물은 그 조직을 구성하는 탄소-12와 탄소-13의 비율(탄소 동위체비 C13/C12)이 다르다. 이 안정 동위체 비율은 음식을 섭취한 후에도 인간의 조직에 기록될 뿐 아니라 조직이 거의 분해되어 사라진 후에도 뼛속에 그 기록이 남아 있다. 따라서 사람의 뼈의 탄소 동

중앙 안데스의 주요 고대 유적.

위체비를 분석하면 그 개체가 살아 있을 때 주로 먹었던 식물 유형을 복원할 수 있다.

이 방법으로 예일대학교 리처드 버거 교수의 연구팀은 차빈 데 우안타르 및 인접한 와리코토 유적(해발 2,750m)에서 출토된 사람의 뼈를 분석했다. 연구 결과는 다음과 같았다.

옥수수로 대표되는 C4형 식물의 식량이 차지하는 비율은 20% 전후에 불과했다. 와리코토 유적의 차우카얀기(기원전 2200~1800년)와 차빈 데 우안타르의 우라바리우기(기원전 850~460년) 그리고 하나바리우기(기원전 390~200년)에도 마찬가지로 20% 전후의 낮은 수치가 나왔다. 이는 차빈 데 우안타르나 와리코토에서 주로 이용한 작물이 옥수수가 아니라 대부분 C3형 식물인 안데스 고지 원산의 작물이었다는 것을 말해준다. 안데스 고지 원산의 C3형 식물에는 퀴노아·카니와 등의 잡곡, 타루이 등의 콩류, 감자·오카·올루코·마슈아 등의 덩이줄기류가 있다.

그렇다면 차빈 데 우안타르 주민들의 주식은 무엇이었을까. 버거 교수의 연구팀은 옥수수가 아닌 한랭 고지에 적합한 감자였다고 판단했다. 또 감자와 마찬가지로 추위에 강한 퀴노아를 재배해 주요 식량원으로 삼았던 것으로 여겨진다. 이런 식생활 패턴은 오랫동안 바뀌지 않았는데 최소한 기원전 2000년경부터 기원 전후의 형성기에 이르기까지 옥수수가 감자 등의 C3형 식물을 대체하지는 못했다. 따라서 주요 식량원은 옥수수가 아니라 감자와 퀴노아 같은 고지 원산의 작물이었다는 것이다. 그 이유로 버거 교수의 연구팀은 감자류가 옥수수보다 생산성이 높고 한랭한 고지 환경에서 재배하기에 적합하다는 점 등을 들었다.

차빈 사회는 기원전 200년경 사라졌다. 기후의 한랭화 혹은 엘니뇨에 따른 자연 재해가 원인이라는 설이 있다. 어느 쪽이 옳은지, 아니면 또 다른 원인이 있었는지는 더 많은 연구가 필요하다. 어쨌든 그 후 중앙 안데스에는 해안 지대와 산악 지대 각지에서 특색 있는 문화가 탄생하며 흔히 지방 발전기라고 불리는 시대를 맞았다. 대표적으로 페루 북해안의 모체, 남해안의 나스카, 티티카카호 일대의 티와나쿠 등이 있다. 이번 장에서는 산악 문명에 초점을 맞추고 있는 만큼 티와나쿠를 예로 들어 그 사회의 특징과 식량 기반에 대해 살펴보자.

수수께끼의 신전 티와나쿠

티와나쿠의 중심지는 후지산 정상보다 높은 해발 3,840m, 티티카카호수 남동쪽 약 20km 지점에 위치하며 주위에는 고산 초지대가 펼쳐져 있다. 티와나쿠는 잉카제국보다 1,000년이나 앞선 시기에 티티카카호 부근에서 번성한 문화로 지금도 당시의 흔적을 엿볼 수 있다. 티티카

티와나쿠 유적의 '태양의 문'.

카호 부근에 티와나쿠 문화의 중심이었던 신전이 남아 있기 때문이다. 스페인이 잉카제국을 정복한 이후 이곳을 방문한 연대기 작가 시에사 데 레온Cieza de León도 거대한 건축물에 놀라 '이 거대한 돌을 여기까지 옮기는 데 얼마나 많은 인력이 동원되었을지 생각하면 놀라울 따름이다'라고 기록했을 정도이다. 그중에서도 '태양의 문'으로 알려진 건축물의 윗부분에는 너비 3m, 길이 3.75m에 달하는 거대한 돌이 놓여 있는데 그 무게만 해도 10톤이 넘는다. 돌 표면에는 커다란 신상 등이 조각되어 있다.

티와나쿠 문화의 성격에 대해서는 오랫동안 논의가 계속되었다. 그중 한 가지가 해발 3,800m 남짓한 고지의 낮

티티카카호수 부근의 레이즈드 필드.

은 농업 생산력으로 볼 때 도시가 아닌 각지의 순례자들이 찾은 신전에 불과하다는 설이다. 이 견해는 티와나쿠가 옥수수 재배가 불가능한 고지에 있는 것과 관계가 있다. 옥수수 농경이 안데스 문명을 탄생시켰다고 생각했기 때문이다. 또한 티와나쿠가 위치한 고원이 인간이 살기 힘든 곳이라고 생각했던 것도 관계가 있을 것이다.

하지만 1960년대 이런 견해의 재고를 요하는 새로운 사실이 발견되었다. 이 유적 근처에서 광대한 거주 구역이 발견된 것이다. 당시 발굴 조사를 지휘한 존 H. 로John H. Rowe 박사는 200ha에 이르는 거주 구역을 발견했으나 거주 흔적을 나타내는 퇴적 흔적이 더 먼 곳까지 이어져 있는 것을 보고 200ha의 거주 구역이 도시 구역 내의 극히 일부에 지나지 않는다고 추정했다.

그 후 밝혀진 자료에 따르면, 티와나쿠에는 티티카카 호 남쪽 연안을 중심으로 몇몇 지방 센터가 있었으며, 꽤 많은 인구가 거주했던 것으로 드러났다. 전성기(기원전 400~800년)에는 티티카카 분지 너머까지 세력을 확대했으며, 그 지배 지역은 약 40만㎢에 이르렀다.

그렇다면 티와나쿠 문명의 성립과 발달을 떠받친 생업은 무엇이었을까. 티와나쿠를 발굴한 콜라타Alan L. Kolata 박사는 도시부의 경제를 지탱한 것은 집약 농업과 라마 및 알파카의 집약적 목축 그리고 티티카카호의 자원 이용이었다고 말했다. 그중에서도 영어로는 레이즈드 필드Raised field, 현지에서는 와루·와루Waru waru라고 알려진 농경 기술은 생산성이 매우 높았기 때문에 많은 인구를 부양할 수 있었을 것으로 판단했다.

지금도 티티카카호 부근에서는 이 레이즈드 필드 농경을 볼 수 있다. 내가 관찰한 바에 따르면 레이즈드 필드는 경작지의 고랑을 깊이 파낸 후 그 흙을 두두룩하게 쌓아올려 이랑을 만든다. 이랑의 높이가 1~2m나 되는 것도 있다. 이랑의 너비는 5~10m, 길이는 수십 m부터 100m가 넘는 곳도 있다.

이 레이즈드 필드를 자세히 조사한 연구자들에 따르면, 이랑의 내부 구조는 그림 2-2와 같다고 한다. 최하층에는 자갈이 깔려 있고, 그 위로 약 10cm 두께의 점토층이 있다. 또 그 위에는 자잘한 자갈이 섞인 흙을 삼중으로 깔고 최상층에는 영양분이 풍부한 흙을 올렸다. 최하층의 자갈은 호수 일대의 진흙 위에 흙을 쌓아올리기 위한 지반의 역할을 하며, 그 위의 점토층은 염분이 침투하는 것을 방지하기 위한 궁리였던 듯하다. 고랑에는 티티카카호에서 끌어들인 물을 댔는데, 이것이 작물 재배에 큰 역할을 했다. 먼저 무성한 수초와 거기에 서식하는 생물이 유기 비료의 역할을 한다. 또 긴 고랑을 따라 흐르는 물은 경작지의 온도를 안정적으로 유지하며, 특히 밤의 냉기로부터 경지를 보호한다. 그 결과 작물의 생산성이 높아져 현재 농민의 평균 생산량의 5배를 웃도는 수확량을 올렸을 것으로 추정된다.

이런 경작지가 일찍이 티티카카호수를 둘러싸듯 넓게 분포되었던 듯하다. 앞서 설명했듯이 티티카카호수는 평

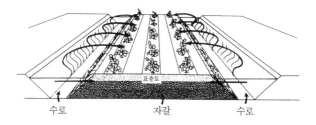

그림 2-2 레이즈드 필드의 구조[Kolata 1993]. 화살표는 물에 의한 보온 효과가 나타나는 방향.

탄한 고원에 위치하며, 우기에는 종종 불어난 호수 물 때문에 주변 지역이 침수 피해를 보기도 했다. 이런 상황으로 판단할 때 레이즈드 필드는 관개의 이용과는 반대로 지나치게 많은 물을 조절하는 기술, 혹은 풍부한 물을 효율적으로 이용하는 기술이었을 가능성도 있다.

발굴 조사를 주도한 콜라타 박사는 레이즈드 필드를 통해 부양 가능한 인구도 추정했다. 티와나쿠의 중심 지대를 약 190㎢로 어림잡아 이모작을 한다고 하면 57만 명에서 110만 명 남짓, 1년에 한 번만 수확한다면 약 28만 명에서 55만 명이라는 계산이다. 최종적으로 콜라타 박사가 선택한 추정치는 36만5,000명으로, 그중 11만5,000명은 신전에 집중된 도시와 위성 도시부에 거주하고, 나머지 25

만 명은 농경, 목축, 어로 등에 종사했을 것으로 보았다.

그중에서도 수많은 인구를 부양한 가장 큰 생업은 분명 레이즈드 필드 방식의 작물 재배였을 것이다. 과연 당시 재배한 작물은 무엇이었을까. 앞에서도 말했지만 해발 4,000m 전후의 티티카카호 부근에서는 한랭한 기후 탓에 옥수수가 거의 자라지 않는다. 콜라타 박사도 티와나쿠 시대의 레이즈드 필드에서는 고지에 적합한 다양한 작물을 재배했는데, 특히 서리에 강한 '쓴 감자'가 주요 작물이었다고 말했다. 앞서 살펴본 티와나쿠의 인구도 감자의 단위면적당 수확량을 바탕으로 추정한 것이었다.

저장 기술의 발달

여기서 잠시 이번 장 첫머리에서 소개한 에가미 나미오 씨의 견해를 돌이켜 생각해보자. 에가미 씨는 '비곡물 농경과 목축을 통한 생산 경제로는 1만 명 이상의 인구가 한데 모여 살 수 없기 때문에 도시의 성립은 불가능하다'고 말했다. 콜라타 박사의 조사 결과는 이런 견해를 부정한다. 과연 어떻게 곡물이 아닌 감자류가 티와나쿠와 같은 신전을 탄생시켰을까. 콜라타 박사의 보고 속에 그 힌트가 숨어 있다.

콜라타 박사에 따르면, 티와나쿠에서 재배된 감자는 주로 제1장에서 루키 혹은 파파 아말가라고 소개한 '쓴 감자'였다. 이 감자는 익히기만 해서는 먹을 수 없기 때문에 앞서 이야기한 추뇨로 가공해야 한다. 왜 티와나쿠에서는 일반 감자가 아니라 굳이 가공이 필요한 루키 감자를 주로 재배했던 것일까. 콜라타 박사는 그 이유에 대해 언급하지 않았지만 어쩌면 고고학적 증거가 아닌 현재의 민족학적 자료를 통해 짐작해볼 수 있을 것이다.

앞서 말했듯이 중앙 안데스 고지는 저위도 지대에 있기 때문에 기후는 비교적 온난하지만 농사를 짓기에는 다양한 위험 요소가 있다. 그곳에서는 고지 특유의 극심한 기온 변화 탓에 서리와 눈 피해가 발생하고, 티티카카호 일대에서는 종종 가뭄과 다우多雨 피해도 발생한다. 이런 안데스 고지의 농업에 필요한 것은 높은 생산성보다 안정성이었다.

그런 점에서 '쓴 감자' 재배는 효과적이었다고 생각된다. 무엇보다 '쓴 감자'는 추위뿐 아니라 병충해에도 강하다고 알려진다. 또 이 감자를 가공한 추뇨는 훌륭한 저장 식품으로 몇 년이든 썩지 않게 저장할 수 있다. 추뇨는 갑작스러운 기근에도 크게 도움이 되었을 것이다. 실제 티와나쿠에서는 추뇨 가공이 빈번히 이루어진 듯하다. 티와나쿠와 같은 시기 해안 지대에서 번영한 모체 문화의 유적에서도 추뇨를 본뜬 토기가 출토되었다.

추뇨 가공과 같은 감자의 저장 기술에 주목해야 한다. 이미 여러 번 말했지만 감자는 수분이 많기 때문에 장기 저장이 어렵고, 그 때문에 문명 탄생의 식량 기반으로서도 경시되었다. 저명한 민족 식물학자 나카오 사스케中尾佐助 씨도 감자류의 결점에 대해 다음과 같이 말했다.

일반적으로 감자류는 저장성이 낮고 운반하기도 어렵다. 때로는 이 저장 문제가 풍부한 식량 생산량에도 불구하고 시기적인 식량 부족을 초래해 인구 수용력을 제한하기도 한다. (중략) 이런 농경 기반에서는 넓은 지역에 걸친 권력의 집중이 일어나기 어렵고, 개인의 축적은 물론 가장 실용적인 재화인 식량으로도 적합하지 않다.

(나카오 사스케 『농업기원론』 중)

그런데 안데스의 산악 지대에서는 추뇨의 개발로 감자류의 저장성이 높아지고 운반도 쉬워졌다. 즉, 안데스의 주민들은 감자류의 결점을 훌륭하게 극복한 것이다.

추뇨를 본뜬 모체 문화의 토기 (페루 국립인류학고고학 박물관 소장). 표면을 하얗게 가공해 추뇨의 특징을 나타냈다.

한편 티와나쿠 사회는 10세기경에 붕괴하고 토지도 방치된다. 그 원인에 대해 콜라타 박사는 티티카카호 일대의 대규모 건조화 때문이라고 말했다. 건조화로 경지의 농업 생산성이 떨어지면서 정치 체제를 유지할 수 없게 된 것이라고 보았다. 아마도 이런 현상은 갑자기 일어난 것이 아니라 작은 규모의 건조화가 종종 일어났을 것이다. 그렇기 때문에 티와나쿠에서는 식량 생산 방법을 강화하고 저장 기술도 개발했을 것이다.

잉카제국

그 후로도 중앙 안데스의 해안과 산악 지대에서는 다양한 문화의 성쇠가 있었다. 그리고 15세기경에는 중앙 안데스 각지에 왕국이 탄생했다. 해안 지대에는 북해안의 치무 왕국, 남해안의 이카, 친차 등의 왕국이 있었다. 산악 지대에는 페루 남부의 고지에 후에 잉카제국으로 발전한 쿠스코 왕국이 있었고, 티티카카호 부근에는 루파카, 코야 등의 왕국이 있었다. 한편 북부 고지와 같이 도시 국가가 성립하지 않고 부족 수준에 머문 다수의 민족 집단이 거주하는 지역도 있었다.

이들 지방 국가를 통일한 것이 바로 잉카제국이었다. 15세기 초 무렵, 페루 안데스 남부에 위치한 쿠스코 분지를 지배하던 잉카족은 빠르게 세력을 확장해 불과 100년 남짓한 사이에 중앙 안데스 전역과 인접 지역을 정복하기에 이른다. 전성기에는 지금의 콜롬비아 남부부터 에콰도르, 페루, 볼리비아를

쿠스코 시내에 있는 잉카 시대의 돌담.

거쳐 칠레 중부에 이르기까지 안데스 지역 대부분을 영토로 삼았다.

당시의 잉카제국을 떠받친 농업은 무엇이었을까. 여기서도 옥수수 농경이 잉카제국을 탄생시켰다고 생각하는 사람이 적지 않다. 물론 해안 지대도 잉카제국의 지배하에 있었기 때문에 옥수수를 주식으로 삼았을 수도 있지만 잉카제국의 중심은 안데스의 산악 지대였다. 수도 쿠스코 역

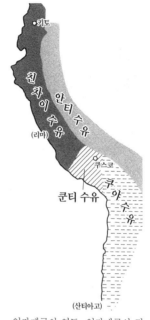

잉카제국의 영토. 잉카제국의 정식 명칭은 타완틴 수유Tawantinsuyu (4개의 지방)로 4개의 지역에 걸쳐 있었다.

시 해발 3,400m의 페루 안데스 산속에 있었다. 또 태평양 연안의 모든 지역에 잉카제국의 지배력이 미쳤던 것은 아니다. 페루 북부의 해안 등은 영향이 적었다. 그 밖에도 안데스산맥 동쪽의 산록대는 아마존 유역의 여러 민족이 지

그림 2-3 잉카 시대의 창고. 쿠스코에는 식량 등을 저장한 창고가 즐비했으며 식량이 부족할 때면 일반 서민들에게도 식량을 공급했다[Poma 1613].

배하는 지역으로, 잉카제국은 그들의 침입을 막기 위해 안데스 동쪽 경사면 각지에 요새를 지었다. 예컨대 볼리비아 동부에 있는 잉카 야쿠타도 잉카제국의 요새 중 하나로 알려져 있다. 이 요새는 안데스 동쪽 경사면의 해발 약 3,000m 높이에 위치한다. 이처럼 안데스 문명의 최후를 장식한 잉카제국의 중심지는 산악 지대였다. 그런 의미에서 잉카제국은 산악 문명이라고 해도 좋을 것이다.

실제 잉카제국의 인구에 대해서는 다양한 견해가 있지만 최소 1,000만 명 이상이고 그중 3분의 2는 산악 지대에 살았던 것으로 알려진다. 수도 쿠스코는 약 20만 명의 인구를 거느린 남아메리카 최대의 도시였다. 한편 잉카제국에는 대규모 인구보다 더욱 놀라운 점이 있었다. 다름 아닌 풍부한 식량 자원이다(그림 2-3). 잉카제국을 침략한 스페인인들은 잉카제국에는 구걸하거나 굶주린 사람이 없고 '일반 서민들은 생활에 필요한 모든 것을 스스로 조달했다'며 놀라워했다.

그렇다면 잉카제국의 중심인 산악 지대, 특히 고지대의 주요 식량은 옥수수였을까. 앞서 살펴본 차빈 데 우안타르나 티와나쿠와 같이 감자였던 것은 아닐까. 이 문제에 대해서는 16세기 초 안데스를 침략해 잉카제국을 정복한 스페인인들의 기록이 참고가 될 것이다. 흔히 연대기라고 알려진 이런 기록을 따라가다 보면 잉카 시대의 사람들이 무엇을 어떻게 재배하고 이용했는지 알 수 있다.

다만 이런 기록을 참고하기에 앞서 주의해야 할 두 가지가 있다. 첫 번째는 어디까지나 스페인인의 가치관을 통해 본 기록이라는 점이다. 두 번째는 그들의 기록에 커다란 편향성이 있다는 점이다. 스페인인들의 관심은 잉카 왕이나 왕족들에 집중되어 있었기 때문에 일반 민중에 대한 기록은 많지 않다. 이런 점에 주의하면서 연대기의 기록을 중심으로 잉카 시대의 농경문화를 살펴보자.

스페인인을 놀라게 한 농경 기술

연대기를 보면 처음 잉카 영토에 들어온 스페인인이 놀란 두 가지 농경 기술이 있었다. 하나는 관개의 이용이고, 다른 하나는 계단 경작이다. 관개는 일찍이 해안 지대에서 활발히 이루어졌으나 계단 경작은 산악 지대에서만 이루어진 농경 기술로 산악 지대에 많은 경사면에 층층이 계단 모양으로 경지를 만드는 방법이다. 계단 경지 자체는 세계 각지에서 찾아볼 수 있지만 안데스의 계단 경지는 매우 정묘하고 규모가 크다는 특징이 있다. 그런 이유로 다수의 스페인인들이 이 계단 경작에 대한 기록을 남겼다.

예컨대 스페인의 법학자 후안 데 마티엔소는 다음과 같이 썼다.

잉카(잉카 왕)는 로마에 필적하는 엄청난 규모의 용수로와 포석(을 깐 도로)을 만들고 산악 고지대의 돌과 바위투성이 경사면에는 돌을 이용해 계단 경지를 만들었다. 이로써 평야 지대뿐 아니라 고지대에서도 농사를 짓고 풍부한 수확을 할 수 있었다.

(후안 데 마티엔소, Gobierno del Perú)

1553년 5월 정복자 프란시스코 피사로와 함께 잉카의 수도 쿠스코에 도착한 그의 사촌 페드로 피사로도 쿠스코 일대의 계단 경지에 대해 다음과 같은 기록을 남겼다.

잉카 시대에 만들어진 계단 경지(페루 쿠스코의 마추픽추 유적).

모든 계단밭은 허물어질 우려가 있는 부분을 돌로 둘렀는데 그 높이는 1에스타도Estado(약 1.9m) 전후였다. 1브라사Braza(약 1.67m) 혹은 그보다 낮은 높이로 돌담을 두르듯 층층이 배치한 것도 있다. 이 계단을 따라 오르내린다. 계단밭은 모두 이렇게 만들어져 있다. 거기에 옥수수 씨를 뿌리기 때문에 비에 쓸려 내려가지 않도록 평평하게 흙을 깔고 돌로 두른 것이다.

(페드로 피사로 [페루 왕국의 발견과 정복] 중)

때때로 계단 경지에는 관개가 이루어졌다. 공들여 만든

계단 경지는 산악 지역의 관개에 중요한 역할을 했을 것이다. 페드로 피사로도 지적했듯이 경사면이 많은 안데스의 경작지에 물을 대면 토양이 침식되어 비옥한 흙 표면이 하천으로 쓸려 내려가기 쉽기 때문이다. 이 문제를 해결하기 위한 방책이 계단 경지였다.

참고로 잉카인들은 수로 건설에 굉장한 열정을 쏟았던 것 같다. 잉카 시대의 건축물은 거석을 이용해 정교하게 만들어진 것으로 유명한데, 이런 기술을 활용해 놀랄 만큼 정교하고 아름다운 수로를 만들기도 했다. 지금도 쿠스코 지역을 중심으로 각지에서 이런 계단 경지를 볼 수 있는데, 그 아름답고 정교한 모습에 현대인들도 감탄을 금치 못한다.

잉카제국을 침략한 스페인인들이 관개를 겸한 계단식 경지를 보고 놀란 것도 당연하다. 그리고 이것이 잉카제국의 주 작물을 옥수수라고 생각하게 만든 이유였던 듯하다. 계단 경지에서 재배된 작물이 주로 옥수수였기 때문이다. 그래서인지 많은 스페인인들이 옥수수에 관한 기록을 남겼다.

한편 감자에 대한 스페인인의 기록은 거의 없다. 거기에는 다음과 같은 이유도 있었을 것이다. 옥수수는 1492

년 콜럼버스가 서인도제도에서 처음 본 이후 스페인인들에게는 익숙한 작물이었던 것에 비해 감자는 다음 장에서도 이야기하겠지만 안데스에서 처음 본 작물이었으며, 어쩌면 식량으로 생각지 못했을 수도 있다.

두 종류의 경지

감자에 관한 스페인인들의 기록은 거의 없지만 주의 깊게 읽다 보면 잉카제국의 경지가 모두 옥수수밭이었던 것이 아니라 감자 등의 감자류를 재배하는 경지도 있었다는 것을 알 수 있다. 이 점에 대해서는 페루의 역사가 잉카 가르실라소 데 라 베가Inca Garcilaso de la Vega의 다음 기록이 참고가 된다. 잉카 가르실라소는 잉카의 마지막 황녀와 스페인인 사이에서 태어났다. 잉카제국의 언어인 케추아어와 안데스의 전통 문화에도 정통한 인물이다.

관개를 한 옥수수밭 외에도 관개를 하지 않은 경지도 있는데 거기에는 건지 농법을 통한 곡물과 채소, 이를테면 파파(감자), 오카, 아뉴스(마슈아)라고 불리는 매우 중요한 작물의 종자를 심었다.

(잉카 가르실라소 데 라 베가 『잉카 왕조기』 중)

잉카 가르실라소에 따르면 잉카 시대에는 두 종류의 경지가 있었다. 즉, 관개를 하는 경지와 관개를 하지 않는 경지이다. 그리고 보통 관개를 하는 경지에서는 옥수수를 재배하고, 관개를 하지 않는 경지에서는 감자, 오카, 마슈아 등의 감자류를 재배했다. 실제 스페인인들에게 강렬한 인상을 남긴 계단 경지는 해발 3,000m 이하에서만 볼 수 있는데, 그보다 높은 지대의 경지에서는 보통 감자, 오카, 마슈아 등의 감자류를 재배했다.

이렇게 연대기를 살펴보면 옥수수와 감자류 재배에는 다양한 차이가 있었던 것 같다. 조금 더 자세히 살펴보자. 잉카 가르실라소에 따르면 이 두 종류의 작물은 다음과 같이 경지의 사용법도 달랐다고 한다.

(관개를 하지 않는) 토지는 물이 부족한 만큼 생산성이 낮기 때문에 1, 2년 농사를 지으면 땅을 쉬게 하고 다른 땅을 일구었다. 그들은 이렇게 땅을 돌아가며 사용함으로써 계

속해서 풍부한 수확량을 얻을 수 있도록 척박한 땅을 훌륭히 관리·운영했다.

(『잉카 왕조기』 중에서)

이 기록에 따르면 관개를 하지 않는 감자밭은 1, 2년 사용하면 땅을 쉬게 했다. 한편 옥수수밭은 다음의 기록과 같이 연작했던 듯하다.

한편 옥수수밭에는 매년 씨를 뿌렸다. 옥수수밭은 과수원처럼 물과 비료가 풍부해 풍작을 거둘 수 있었기 때문이다.

(『잉카 왕조기』 중에서)

옥수수를 연작할 수 있는 것은 물과 비료가 풍부했기 때문이라고 말한다. 연대기에 따르면 당시의 비료는 물고기나 해조분 등이 쓰였으며, 산악 지대에서는 인분이 비료로 쓰였다. 한편 감자류 재배에는 가축분을 비료로 썼다. 여기에 대해 잉카 가르실라소는 다음과 같이 기록했다.

… 추위 때문에 옥수수가 자라지 않는 콜라오Collao 지방

에서는 150레구아Legua(1레구아는 약 5.6km) 이상의 전역에
걸쳐 감자나 그 밖의 채소에 가축분을 뿌렸는데 다른 어
떤 비료보다 효과적이었다고 한다.

(『잉카 왕조기』 중에서)

여기에서 말하는 콜라오 지방은 티티카카호 일대를 가
리킨다. 이곳은 잉카 시대에도 라마나 알파카 등의 낙타
과 동물을 많이 키웠다고 알려지는 만큼 비료는 충분했을
것이다.

이처럼 옥수수와 감자는 재배 경지뿐 아니라 비료에
도 차이가 있었다. 또 옥수수와 감자류는 경작에 사용되
는 농기구도 달랐던 것 같다. 해안 지대의 옥수수 경지에
서는 주로 가래가 쓰였으며, 고지대의 감자류 경지에서는
잉카 시대에 등장한 새로운 농기구가 사용되었다. 족답식
가래이다. 잉카 시대의 족답식 가래에 대해 잉카 가르실
라소는 다음과 같은 귀중한 기록을 남겼다.

그들은 길이 1발(약 1.7m) 남짓한 막대를 가래로 썼다. 앞
면은 평평하고 뒤쪽은 둥근 이 가래의 폭은 네 뼘 정도였

다. 한쪽 끝은 땅에 꽂을 수 있게 뾰족하게 만들고 끝에서부터 반 바라Vara(1바라는 83.6cm) 지점에 작은 나무토막 두 개를 단단히 고정해 디딤대로 삼았다. 인디오들은 디딤대에 발을 올리고 격렬한 움직임으로 가래를 땅에 꽂았다.

(『잉카 왕조기』 중에서)

족답식 가래를 본뜬 잉카 시대의 토기(페루 라르코 에레라 박물관 소장).

족답식 가래는 잉카제국의 중요한 농기구였던 듯하다. 상형 토기로 만든 농기구는 이 족답식 가래뿐이었으며, 이를 본뜬 잉카 시대의 토기도 적지 않다. 잉카 시대 사람들의 생활상을 그린 펠리페 과망 포마Felipe Guaman Poma de Ayala의 그림에서도 족답식 가래를 사용해 농사를 짓는 모습을 볼 수 있다. 이번 장의 첫머리 그림 역시 과망 포마가 그린 족답식 가래를 이용한 감자류의 파종 모습이다.

족답식 가래로 구멍을 파 감자를 심고 있다. 또 족답식 가래를 이용해 감자를 수확하는 모습을 그리기도 했다. 잉카 시대 아메리카 대륙에서는 족답식 가래 외에도 호미, 괭이, 가래 등의 농기구가 사용되었는데, 그중에서도 가장 발달한 농기구가 족답식 가래로 주로 감자 재배에 쓰였다.

이처럼 연대기를 주의 깊게 읽으면 옥수수뿐 아니라 감자의 재배 방법도 크게 발전한 것을 알 수 있다.

흥미로운 점은 잉카제국에서는 옥수수나 감자 모두 주요 작물로서 안데스의 큰 고도차를 이용해 재배되었다는 것이다. 이 전통은 현재까지 이어져 안데스에서는 옥수수와 감자를 함께 재배하는 사람이 적지 않다.

주식은 감자

주로 안데스의 산악 지대에 거주했던 잉카제국 주민들은 옥수수와 감자 중 무엇을 주식으로 이용했을까. 이 문제에 대해서도 연대기 기록이 도움이 될 것이다. 그중 하나로 스페인군과 함께 안데스를 남하한 시에사 데 레온의 기록이 있다. 그는 티티카카호 일대의 콜라오 지방을 방문해 '이 땅은 내가 본 페루 최대의 지역으로 인구도 가장 많다'고 기록하고 그곳에 사는 주민들의 생활과 식량에 대해 다음과 같이 남겼다.

주민들의 집은 다닥다닥 붙어 마을을 이루고 있었다. 그들의 집은 그리 크지 않고 모두 돌로 지어졌으며, 지붕은 기와 대신 그들이 늘 이용하는 짚으로 이었다. 예부터 이 지방에는 많은 사람들이 모여 사는 큰 마을 여럿이 서로 인접해 있었다. 현재 인디오들은 마을 주변에 밭을 일구어 식용 곡물을 재배하고 있다. 그들의 주식은 감자이다. (중략) 그들은 땅에서 나는 송로버섯처럼 생긴 이 감자를 햇볕에 말려 다음 수확 때까지 보존했다. 이렇게 말린 감자를 추노(추뇨)라고 불렀다. 그들은 추뇨를 매우 귀중히 여겼다. 이곳은 잉카제국의 다른 지방과 달리 관개에 사용할 물이 없었기 때문이다. 이 말린 감자가 없으면 굶주림에 시달린다.

(시에사 데 레온『격동기 안데스를 여행하며』중)

이처럼 시에사 데 레온은 '그들의 주식은 감자'라고 분명히 기술했다. 참고로 그는 『잉카제국사』를 쓴 인물이다.

안데스 고지 주민의 주식이 감자였다는 기록은 다른 연대기에서도 찾아볼 수 있는데 스페인의 신부 호세 데 아코스타Joséde Acosta도 다음과 같이 기록했다.

> … 신대륙의 다른 지방, 가령 페루 산지의 고지대나 페루 왕국의 큰 부분을 차지하는 콜라오라고 불리는 지방(티티카카호 일대의 고원)에서는 밀과 옥수수를 재배할 수 없기 때문에 인디오들은 파파(감자)라는 뿌리채소를 이용했다. 이것은 송로버섯과 비슷하며 땅 위로 작은 잎을 틔운다. 이 파파를 수확하면 햇볕에 잘 말린 뒤 빻아서 추뇨라는 것을 만든다. 이것은 오래 보존이 가능하며 빵의 역할을 한다.
>
> (호세 데 아코스타 『신대류 자연문화사』 중)

이런 기록을 통해서도 티티카카호 일대의 한랭 고지 주민들의 주식은 감자였다고 판단해도 좋을 듯하다. 여기서 주목해야 할 것이 있다. 두 사람 모두 추뇨의 중요성을 지적했다는 점이다. 시에사 데 레온은 추뇨가 없으면 '굶주림에 시달린다'고 기록했으며, 호세 데 아코스타도 '오래 보존이 가능하며 빵의 역할을 한다'는 기록을 남겼다.

그림 2-4 잉카 왕을 위해 밭을 일구는 사람들에게 치차 술을 제공했다[Poma 1613].

이런 기록은 추뇨가 감자의 저장 식품으로 큰 역할을 했다는 것을 말해준다. 감자의 장기 보존이 어렵다는 점에서 특히 주목해야 할 기록이다. 세계적으로도 안데스 이외에는 감자류를 장기 보존할 수 있도록 가공하는 기술이 거의 개발되지 않았기 때문이다.

그런데 또 하나의 주요 작물인 옥수수는 무엇 때문에 재배했던 것일까. 아마도 술을 만들기 위한 재료였을 것이다. 치차Chicha라고 불리는 이 술은 잉카제국에서는 대량으로 소비되었다. 국가 종교인 태양신을 기리는 '태양제'는 물론 잉카 군軍의 병사와 잉카 왕을 위해 밭을 일구는 인디오들에게도 치차 술이 제공되었다(그림 2-4).

물론 옥수수를 먹지 않은 것은 아니다. 특히 잉카 왕이나 귀족들은 옥수수를 자주 먹었던 듯하다. 하지만 옥수수는 식량보다는 술의 원료로 빠질 수 없는 작물이었다는 연대기의 기록이나 치차 술에 대한 스페인인들의 기록도 적지 않다.

즉, 잉카제국에서는 주식은 감자, 의례에 필요한 작물로는 옥수수를 이용했다고 볼 수 있다.

잉카제국과 감자

이처럼 잉카제국을 떠받친 식량 기반은 감자라고 보아도 무방하다. 하지만 이렇게 말하면 반드시 반론이 나오게 마련이다. '감자에서 고도의 문명이 탄생했을 리 없다'는 반론도 그중 하나이다.

과연 문명 성립의 식량 기반으로서 감자류는 곡류에 비해 떨어지는 점이 있다. 가장 큰 결점은 앞서 말했듯이 저장이 용이한 곡류에 비해 감자류는 수분이 많기 때문에 쉽게 썩고 장기 저장이 어렵다는 점이다. 또 감자류는 곡류에 비해 무겁기 때문에 운반하기도 어렵다. 이런 결점 때문에 감자류는 문명 성립의 식량 기반으로 인정받지 못했던 것이다.

감자 모양 토기. 잉카 시대 이전의 치무 문화 유물(페루 아마노박물관 소장).

하지만 이것은 안데스의 특이성을 무시한, 지나치게 일반화한 견해이다. 다시 말하지만 안데스에는 감자를 말린 추뇨가 있다. 이것은 장기 보존이 가능할 뿐 아니라 가볍기 때문에 운반도 편리한 가공 식품이다. 또 감자가 밀이나 보리 등에 비해 생산성이 매우 높은 작물이라는 점에도 주목해야 한다. 그런 이유로 감자가 밀이나 보리를 대신해 주요 작물의 지위를 차지한 일도 적지 않았다.

게다가 잉카제국의 감자 재배 기술은 당시로서는 매우 뛰어난 수준이었다. 앞서 잉카 가르실라소가 말했듯이 감자를 1, 2년 재배하면 땅을 쉬게 했다. 이런 농사 방법은 지력의 피폐를 막는 동시에 병충해 발생을 억제하는 효과도 있다. 가축분을 비료로 사용한 것도 생산성 향상에 큰 역할을 했다. 또 한 가지, 농기구의 발달도 짚어야 한다.

감자 재배에는 반드시 족답식 가래가 쓰였는데, 이 족답식 가래는 당시 아메리카 대륙에서 가장 발달한 농기구로 오늘날에도 중앙 안데스 고지에서 널리 쓰이고 있다.

연대기에는 없지만 잉카 시대에 다양한 감자의 품종이 탄생했다는 것을 말해주는 것이 있다. 감자를 본뜬 토기의 존재이다. 이 토기를 보면 현재 안데스에서 재배되는 대부분의 품종이 잉카 시대에 이미 존재했음을 알 수 있다.

이처럼 안데스 고지의 주민들은 수천 년에 걸쳐 다양한 감자 품종을 만들어내고, 재배 기술과 농기구뿐 아니라 가공 기술까지 개발했다. 그 덕분에 세계에서도 유례를 찾아볼 수 없는 고지대에서 잉카제국이 탄생한 것이다.

제3장
유럽으로 간 '악마의 식물'
- 기근과 전쟁

고 케네디 대통령의 부조. 1963년 그의 증조부의 고향 아일랜드를
방문한 그를 기념해 세워졌다. 아일랜드 골웨이.

감자의 '발견'

잉카제국은 프란시스코 피사로가 이끈 스페인인들에 의해 정복당했다. 1532년의 일이다. 그 후에도 잉카 군의 저항은 1571년까지 35년간 계속되었다. 스페인 정복자들 간의 대립과 무력 충돌도 끊이지 않았다.

결국 정복자 프란시스코 피사로는 암살당하고 그의 동생 곤살로 피사로가 페루 전역을 제압했다. 하지만 계속된 페루의 내란은 도시와 농촌을 파괴하고 풍요로운 안데스 사회를 혼란에 빠뜨렸다. 이 혼란을 수습하고자 스페인 왕실은 곤살로 토벌군을 보냈다. 이 토벌군의 일원이었던 사람이 시에사 데 레온이다. 1535년 남아메리카 대륙으로 건너간 그는 콜롬비아에 머물다 스페인의 곤살로 토벌군에 참가해 페루로 갔다. 당시 그는 현재 에콰도르의 수도인 키토 부근에서 다음과 같은 기록을 남겼다.

옥수수 외에 인디오들이 주식으로 이용한 두 가지가 있다. 하나는 파파라고 하는 작물이다. 익히면 삶은 밤처럼 매우 부드러워진다. 송로버섯처럼 껍질이나 씨가 없고 땅속에서 자란다. (시에사 데 레온 『잉카제국사』 중)

파파는 감자를 가리킨다. 지금도 안데스에서는 감자를 뜻하는 말로 널리 쓰인다. 시에다 데 레온은 감자에 관해 기록한 최초의 유럽인으로 알려진다. 당시 감자는 안데스 이외의 지역에는 전혀 알려지지 않았기 때문에 유럽인에 의한 최초의 '발견'이었다. 실제 시에사 데 레온은 감자를 송로버섯과 비슷하다고 기술했는데, 이 표현에도 처음 본 작물에 대한 놀라움이 드러난다. 제2장에서 인용한 아코스타 신부도 마찬가지로 감자를 '송로버섯과 비슷하다'고 표현했다.

유럽에 전해진 시기

감자가 안데스에서 유럽으로 전해진 것은 언제쯤이었을까. 사실 이것은 쉽게 대답하기 어렵다. 아메리카 대륙의 다른 주 작물인 옥수수는 유럽인 최초로 대서양을 횡단한 콜럼버스가 목격하고 그 이듬해 스페인으로 가져왔다는 기록이 남아 있지만 감자에 대한 기록은 찾기 어려웠다. 앞서 말했듯이 스페인인들이 잉카제국을 정복한 1532년의 기록에는 감자가 등장하지 않는다. 옥수수가 콜럼버

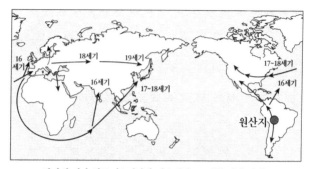

감자의 전파 경로. [호시카와 기요치카 1978]를 일부 변경.

스 일행에 의해 유럽으로 건너간 것과는 대조적이다. 본
래 보리류를 주 작물로 재배한 스페인인들이 같은 곡류인
옥수수에 위화감을 갖지 않았기 때문이었는지도 모른다.

　한편 당시 유럽에는 감자류가 존재하지 않았기 때문에
이를 처음 본 유럽인들은 식량으로 생각지 못했을 가능성
도 있고, 그만큼 관심을 갖지 않았는지도 모른다.

　하지만 시에사 데 레온은 예외였던 듯하다. 그는 안데
스로 오기 전 콜롬비아에서 13년이나 살았기 때문에 이곳
저곳에서 감자를 목격하고 그것을 식용으로 이용하는 사
람들을 보았을 가능성이 크다.

　유럽에서 감자에 관한 최초의 기록이 등장한 곳은 스페

인이었다. 그 시기에 대해서는 여러 설이 있지만 다양한 유럽인의 기록 등을 통해 대략 1565년부터 1572년 사이라고 말한다. 즉, 감자는 1570년 전후에 스페인에 전해진 것으로 여겨진다. 그리고 1573년 스페인 세비야의 한 병원에서 감자를 음식으로 제공했다고 하니 이때부터 감자 재배가 시작된 것으로 보인다.

다만 수확량은 매우 낮았던 것 같다. 본래 감자는 중앙 안데스처럼 위도가 낮은 단일短日(일조 시간이 짧아지는) 조건에서는 감자를 형성하지만 스페인과 같은 고위도 지방의 장일長日 조건에서는 감자를 형성하기 힘들다. 그런 탓인지 스페인 일부 지방에서 감자 재배가 시작되었지만 널리 보급되기까지는 많은 시간이 걸렸다. 스페인은 감자가 다른 나라로 건너가는 중간 다리 역할을 했다는 점에서 주목할 필요가 있다. 실제 감자는 스페인에서부터 프랑스, 영국, 독일 등의 유럽 북부로 전파되었다.

참고로, 감자와 마찬가지로 아메리카 대륙에서 유럽으로 전해진 옥수수는 감자와는 대조적으로 이탈리아, 그리스, 유고슬라비아 등의 유럽 남부로 퍼져나갔다. 서늘한 기후에 적합한 감자와 달리 옥수수는 따뜻한 기후에 적합했기 때문이다. 어쨌든 유럽은 아메리카 대륙에서 들여온 새로운 식량 자원을 통해 큰 폭의 인구 증가가 가능해졌다. 그것은 역사를 바꾸었다고 해도 과언이 아닐 정도이다. 다만 그 과정에는 많은 우여곡절이 있었다. 특히 감자는 기구한 운명의 행로를 걷게 된다.

프랑스로

   프랑스는 스페인 북쪽에 인접해 있기 때문에 아마도 감자는 스페인에서 직접 프랑스로 전해졌을 것이다. 1600년 올리비에 드 세르Olivier de Serres가 쓴 『농업의 관개와 경지 관리』라는 책에 감자에 대한 기술이 등장한다고 하니 비교적 이른 시기에 전파되었던 듯하다. 아쉽게도 원저를 직접 살펴보지는 못했다. 여기에는 베르톨트 라우퍼Berthold Laufer 박사의 역작 『감자 전파기』에 인용된 대목을 소개한다. 그 기술은 다음과 같다.

   이 식물은 소관목으로 카르토플Cartofle이라고 한다. 과실 역시 카르토플이라고 부르는데 트뤼프Truffe(송로버섯-역주)와 비슷하다 하여 트뤼프라고 부르는 사람도 있다. 이 식물이 스위스에서 (프랑스의) 도피네 지방에 전해진 것은 최근의 일이다. 일년생 식물이기 때문에 매년 다시 심어야 한다. 번식은 종자 즉 과실 자체를 다시 심는 것에서 시작한다.

그림 3-1 17세기 유럽인이 그린 감자. 여전히 버섯의 일종으로 그렸다[F. Van Sterbecck Theatrum Fungorum 1675].

(올리비에 드 세르, Théâtre d'Agriculture et Mesnage des Champs 중)

여기서도 감자를 버섯의 일종인 트뤼프와 비슷하기 때문에 트뤼프라고 부르는 사람이 있었다고 말한다. 이런 견해는 그 후로도 계속되어 1675년에 그려진 그림에서도 여전히 감자는 버섯의 일종으로 여겨졌다(그림 3-1). 이 같은 감자에 대한 이해 부족이 편견을 낳았다. 예를 들어 식물학자 카스파 바우힌Caspar Bauhin은 1671년 감자에 대해 다음과 같은 기록을 남겼다. 마찬가지로 『감자 전파기』에서 인용했다.

우리나라에서는 감자를 트뤼프와 마찬가지로 숯불에 구워 껍질을 벗긴 후 후추를 뿌려 먹거나 구워서 껍질을 벗긴 후 얇게 썬 것을 진한 페퍼 소스에 푹 끓여 체력 보충용으로 먹기도 했다. 그 밖에도 허약 체질에 효과가 좋아 건강식품으로 추천하기도 했다. 밤이나 당근에 뒤지지 않을 만큼 영양이 풍부하지만 고창성鼓脹性(음식물이 위에서 소화되는 과정에서 가스가 생겨 배가 불룩해지고 더부룩해짐-역주)이라 배에 가스가 찬다. 내가 듣기로 부르고뉴 지방 사람들은 이 감자를 더는 먹지 않는다고 한다. 감자를 먹으면 나병에 걸린다고 믿었기 때문이다.

(카스파 바우힌, Prodromos Theatri Botanici 중)

카스파 바우힌이 이런 기록을 남긴 17세기에는 프랑슈콩테, 로렌, 부르고뉴, 리옹을 중심으로 하는 리오네 지방 등에 감자 재배가 널리 퍼졌으나 결코 인기 있는 음식은 아니었다. 감자를 먹으면 '배에 가스가 찬다'거나 '나병에 걸린다'는 등의 편견이 있었기 때문일 것이다.

그럼에도 감자 재배는 서서히 프랑스 각지로 퍼져나갔으며, 앞서 말한『감자 전파기』에 따르면 1665년 처음 파리에 모습을 드러냈다. 다만 그 후 100년 남짓 흐른 1782년 에도 프랑스의 역사가 르그랑 도시Legrand d'Aussy는 '파리 에서도 감자를 먹었지만 오직 하층 계급 사람들의 음식일 뿐 어느 정도 사회적 지위가 있는 사람들은 감자가 식탁에 올라오면 자신의 권위가 떨어졌다고 여겼다'고 말했다.

감자에 대한 이런 편견은 시간이 지나면서 점차 사라졌 다. 그 전환점이 된 것이 기근이었다. 유럽 내에서는 비교 적 기후가 안정된 프랑스에서도 18세기 들어 열여섯 차례 나 기근이 닥쳤다. 특히 1770년에 발생한 기근은 혹독했 다. 당시 큰 역할을 한 것이 다름 아닌 감자였다. 감자가 수많은 사람들의 목숨을 구한 것이다.

이를 계기로 한 연구자가 감자 재배 보급에 앞장섰다. 저명한 농학자이자 화학자였던 앙투안 오귀스탱 파르망 티에Antoine-Augustin Parmentier(1737~1818)이다. 그는 7년 전쟁 당시 독일군의 포로가 되었는데, 그때 감자를 식사 로 배급받은 것에서 힌트를 얻어 프랑스에 귀국한 후 루이 16세의 비호 아래 감자 재배 보급에 힘썼다.

그의 보급 방법 중 하나로 유명한 일화가 있다. 감자밭 에 보초를 세운 것이다. 누가 보면 감자가 굉장히 귀한 것

파리의 지하철역에 세워진 파르
망티에의 동상. 농민에게 감자를
건네주는 모습(야마모토 나스카山本
奈朱香 촬영).

인 줄 알 거라고 생각한 파르
망티에는 밤이 되면 일부러
보초가 자리를 비우게 해 감
자를 훔쳐가도록 만들었다.
이 이야기의 진상은 확실치
않다. 파르망티에가 감자 보
급에 성공한 것을 미화하기
위한 일화일 수도 있다.

어쨌든 파르망티에가 인간
이 먹기에는 적합하지 않다
거나 하층 계급의 음식이라

는 등의 감자에 대한 편견을 깨뜨린 것은 분명하다. 오늘
날 파리에는 그의 공적을 기리기 위해 이름 지어진 파르망
티에역이 있다. 거기에는 파르망티에가 농민들에게 감자
를 건네주는 모습의 동상이 세워져 있다.

19세기가 되자 프랑스의 감자 재배는 해마다 확대되었
다. 재배 면적으로 따지면 1789년 4,500ha였던 것이 100
년 남짓 지난 1892년에는 300배가 넘는 151만2,163ha까
지 확대되었다.

전쟁과 함께 확대된 감자 재배 - 독일

기근과 함께 감자가 유럽에 보급된 사회적 상황이 있었다. 당시 유럽 북부의 주 작물이었던 밀과 호밀 등의 곡물은 수확량이 낮기 때문에 기근이 빈발했다. 그런 이유로 유럽 각국에서는 영토 확장을 노린 전쟁이 끊이지 않았다. 병사들은 밀밭을 짓밟고 저장고의 밀을 약탈하기도 했다. 이런 상황에도 감자는 비교적 피해가 크지 않았다. 감자밭은 조금 짓밟혀도 수확이 가능했고, 밭이 저장고 역할을 했기 때문에 필요할 때 수확할 수 있었던 것이다. 게다가 감자는 밀이나 호밀보다 수확량이 몇 배나 많았다.

유럽에서는 전쟁이 일어날 때마다 감자가 전파되었다. 1680년대 루이 14세의 벨기에 점령이 그 발단이었다. 그때부터 감자는 독일과 폴란드로 퍼져나갔다. 특히 스페인 계승 전쟁(1701~1714) 당시 독일 남서부 지방에서는 감자가 중요한 작물이 되었다. 7년 전쟁(1756~1763) 때는 동쪽으로 전파되어 프로이센과 폴란드에서도 감자를 재배하게 되었다. 나폴레옹 전쟁(1795~1814) 당시 감자 재배는 러시아까지 확대되었으며, 마침내 유럽 북부에서도 활발히 재배되었다.

여기서는 독일에 초점을 맞춰 감자 재배가 보급된 상황과 그 영향에 대해 자세히 살펴보기로 하자. 감자라고 하면 독일을 떠올리는 사람이 적지 않을 만큼 감자는 독일의 식생활에 깊이 침투했다.

감자는 16세기 말에 독일에 전해졌으며, 역시 처음에는 식량이 아닌 진기한 식물로 약초원 등에서 재배했다. 그런 상황을 결정적으로 바꾼 것이 앞서 말한 기근과 전쟁이었다. 격렬한 30년 전쟁(1618~1648)이 독일의 감자 재배 확산에 크게 공헌한 것이다. 그 후 감자 재배 보급에 공헌한 인물로 알려진 것이 프로이센의 프리드리히 대왕이다. 그는 편견 때문에 감자를 먹지 않던 농민들에게 감자 재배를 강제함으로써 굶주린 사람들의 목숨을 구했다. 이른바 '프리드리히 대왕 전설'이다. 전설의 진위는 분명치 않지만 이후 7년 전쟁과 1770년에 발생한 기근으로 감자 재배의 이점이 명확해졌다. 이로써 가축 사료로만 쓰이던 감자가 식량으로서의 가치를 인정받게 되었다.

참고로 평생을 전쟁터에서 보낸 프리드리히 대왕의 마지막 전쟁은 1778년 바이에른의 왕위 계승을 둘러싼 오스트리아와의 대립이었다. 이 전쟁은 '감자 전쟁'으로 알려져 있다. 양국의 군사가 서로 적국의 감자밭을 철저히 짓밟았기 때문이라고도 하고, 전투가 많지 않아 한가해진 병사들이 감자 재배에 열중했기 때문이라는 말도 있다.

그리하여 독일에서는 18세기 말부터 본격적인 감자 재배가 시작되었다. 다만 지역에 따라 재배 정도에는 큰 차이가 있었다. 산이 많고 척박한 지역에는 감자 재배가 정착했지만 온난하고 곡물 생산이 가능한 지역에는 정착하지 못했다. 당초 한랭한 안데스의 산악 지역에서 탄생한 작물의 특성이 유럽에서도 유감없이 발휘된 것이다. 게다가 산간의 좁은 농지를 이용해 메밀이나 잡곡 등을 재배하던 가난한 농민들에게 감자는 안성맞춤인 작물이었다.

이처럼 독일에서는 17세기 말부터 18세기까지 일부 지역에서만 감자를 재배했다. 그 배경에는 감자에 대한 뿌리 깊은 편견이 있었다. 특히 감자에 독이 있다는 설이 널리 퍼져 있었다. 분명 감자의 싹에는 유독 물질인 솔라닌이 다량 함유되어 있기 때문에 그것을 모르고 먹어 복통을 일으키거나 식중독에 걸린 사람이 있었을 수 있다. 또 감자에는 최음성 즉, 성욕을 항진하는 작용을 한다는 설도 있었다. 이렇게 감자는 늘 열등한 식물이라는 편견이 따라다녔다. 그 결과, 감자는 18세기 중반까지도 대부분의 지역에서 가축의 사료나 빈민의 구황 작물이라는 경계를 넘지 못했다.

전환점이 된 기근

이런 상황이 바뀐 것은 프랑스 편에서 이야기했듯 1770년대 초에 발생한 대기근이었다. 당시의 기근은 혹독한 겨울 추위가 계속되고 여름에는 비가 끊이지 않으면서 곡물 생산에 파괴적인 피해를 초래한 결과였다. 하지만 감자를 재배하던 지역에서는 이 기근의 영향을 거의 받지 않았다. 다시금 감자의 유용성이 드러나자 18세기 말 무렵부터 독일 각지에서는 감자 재배가 빠르게 확산되었다. 또 감자의 높은 생산성과 내한성, 그리고 풍부한 영양가 등이 널리 알려지면서 재배 면적은 더욱 확대되었다. 단위면적당 인구 부양력이 높은 감자는 19세기 초 독일의 인구 급증을 떠받치며 일반 민중들의 식생활에 정착했다.

당시 상황을 일반 서민의 식사를 통해 구체적으로 살펴보자. 사실 일반 서민의 식사 내용을 파악하기는 쉽지 않

표 3-1 브라운슈바이크의 빈민 시설에서 제공된 식사 내용(1842년)

1인당 1회 식사량

	점심 식사		저녁 식사	
일요일	감자	1,000g	호밀 빵	346g
	흰 강낭콩	130g	버터	15g
			탈지 우유	0.3ℓ
월요일	감자	1,000g	호밀 빵	346g
	보리 죽	130g	버터	15g
			탈지 우유	0.3ℓ
화요일	감자	1,000g	감자 수프	1,000g
	당근	150g	버터	15g
			탈지 우유	0.3ℓ
수요일	감자	1,000g	호밀 빵	346g
	렌즈 콩	130g	버터	15g
			탈지 우유	0.3ℓ
목요일	감자	1,000g	찐 감자	1,000g
	완두콩	130g	버터	15g
			탈지 우유	0.3ℓ
금요일	감자	1,000g	찐 감자	1,000g
	스웨덴 순무 (루타바가)	150g	오트밀	20g
			버터	15g
			탈지 우유	0.3ℓ
토요일	감자	1,000g	호밀 빵	346g
	흰 강낭콩	130g	버터	15g
			탈지 우유	0.3ℓ

[H. J. Teuteberg & G. Wiegelmann 1972]

암스테르담 시장에서 판매되는 다양한 감자 품종.

지만 병원이나 구빈원 등의 시설에서 공급하던 급식을 통해 어느 정도 그 내용을 알 수 있었다. 예컨대 1785년 독일 북서부에 위치한 브레멘의 빈민 시설에서 제공

한 일주일간의 식사 내용을 보면 낮에는 거의 매일 버터를 곁들인 호밀 빵이었으며, 저녁에는 메밀 죽과 버터를 곁들인 호밀 빵이 나왔다. 감자는 일요일 점심 식사에 한 번 나오는 정도였다. 한편 아침 식사에 대한 기록은 없었다.

이런 상황은 19세기 중반에 크게 바뀐다. 표 3-1은 1842년 브레멘과 베를린 거의 중앙에 위치한 브라운슈바이크의 빈민 시설에서 제공한 식사 내용을 기록한 것으로(여기에도 아침 식사 기록은 없다) 매일 감자가 등장한다. 게다가 감자는 1인당 1회 제공량이 1,000g이나 되며, 점심과 저녁 모두 먹는 날도 있다. 즉, 18세기 말부터 19세기 중반까지 식사의 중심은 곡물로 만든 죽에서 감자로 크게 바뀌었다는 것을 알 수 있다. 실제 1850년경 독일의 연간 1인당 감자 소비량은 약 120kg이었으나 1870년대 후반

이 되면 200kg 가까이 늘어난다. 또 1890년대 전후에는 250~300kg에 달했다. 마침내 감자는 20세기에 들어서면서 독일의 '국민 음식'이라고 불릴 만큼 중요한 역할을 하게 된 것이다.

독일과 가까운 네덜란드에서도 19세기 무렵에는 감자가 일반 서민 사이에 온전히 정착했다. 그런 상황을 말해주는 것이 1885년 반 고흐가 그린 대작 〈감자 먹는 사람들〉이다. 표지 그림에서도 말했듯이 이 그림은 감자를 캔 손으로 접시 위에 가득 쌓인 감자를 먹는 농민 가족의 모습을 그렸다. 이 그림에 대해 고흐는 동생 테오에게 쓴 편지에서 다음과 같이 말했다.

나는 램프 불빛 아래서 감자를 먹고 있는 이 사람들이 접시를 집는 바로 그 손으로 땅을 팠다는 점을 강조하고자 했다. 이는 '손으로 하는 노동' 즉, 그들의 식사가 얼마나 정직하게 얻은 것인지를 말해주는 것이다.

(반 고흐『고흐의 편지』)

참고로 네덜란드에서는 지금도 감자가 매우 중요한 식량으로 1인당 연간 소비량이 독일의 73kg을 능가하는 90kg 이상이다. 실제 암스테르담의 슈퍼마켓에 가면 넓은 진열대에 가득 놓인 다양한 종류의 감자를 볼 수 있다.

'위험한 식물'에서 주식으로 – 영국

감자가 처음 영국에 등장한 것은 16세기 말경이었던 듯하다. 그 최초의 기록은 본초학자 존 제러드John Gerard가 쓴 『약초 또는 일반 식물의 역사』였다. 이 책 표지에는 꽃을 든 제러드의 초상이 그려져 있는데 그가 들고 있는 꽃은 감자 꽃이 분명했다(그림 3-2). 또 감자에 대한 설명과 그림도 정확히 남아 있다.

(감자의 뿌리는) 굵고 뭉땅한 혹 모양으로 형태, 색, 맛은 일반 감자(고구마)와 크게 다르지 않다. 다만 이 뿌리는 그리 크거나 길지 않다. 공처럼 둥근 것이 있는가 하면 타원형 즉, 계란 모양도 있고 길쭉하거나 짤막한 것도 있다. 그 혹 모양의 뿌리는 무수한 섬유질 가닥으로 줄기와 이어져

그림 3-2 감자 꽃을 손에 든 제러드의 초상화
(『약초 또는 일반 식물의 역사』 1597년).

있다. (존 제러드, 『약초 또는 일반 식물의 역사The Heball or General His-
torie of Plantes』) 중)

　과연 감자는 어디에서 어떻게 영국에 전해졌을까. 여기
에 대해서는 아직도 여러 설이 분분하다. 분명한 것은 16
세기 후반부터 17세기 전반에 걸쳐 이미 감자는 영국에서
도 널리 알려진 작물이었지만 인기는커녕 보급도 잘되지
않은 상황이었다. 오히려 일반 대중과 학자들은 감자를
'지극히 위험한 식물'로 취급하고 성자든 죄인이든 똑같이
피해야 할 식물로 여겼다.

이처럼 영국에서도 감자가 보급되기까지 오랜 시간이 걸렸다. 당시의 사정을 영국의 식물학자 헨리 필립스Henry Phillips는 다음과 같이 기록했다.

감자가 널리 이용되기까지는 오랜 시간이 걸렸다. 음식으로 적합하지 않다거나 독이 있다고 생각하는 사람이 있었기 때문이다. 오늘날 이 채소는 대지가 낳은 가장 큰 축복이다. 수차 없이도 가루로 빻을 수 있고, 오븐 없이도 구워 먹을 수 있으며, 사계절 내내 맛있고 건강에도 좋은 음식으로 비싸거나 유해한 조미료를 첨가하지 않아도 된다. 하층 계급 사람들은 이 귀중한 뿌리채소를 가장 늦게 받아들였다. 무지한 사람일수록 편견을 극복하기 힘들었던 것이다. 감자에 대해 편견을 가진 사람이 많았던 것은 감자가 가짓과의 식물 즉, 독성이 있는 까마중의 일종에 속하는 만큼 최면성이 있을 것으로 보았기 때문이다.

(헨리 필립스, 『History of cultivated vegetables』 중)

재배 방법에 관한 지식이 부족하거나 조리법을 몰라서 악평을 받기도 했다. 또 스코틀랜드와 같이 성서에 나오지 않는다는 종교적 편견 때문에 보급이 늦어진 곳도 있었다. 이처럼 영국에서 감자 재배가 널리 전파되기까지는 시간이 걸렸지만 1840년 무렵에는 영국인들의 식생활에 정착했다. 여기에는 바다를 사이에 둔 아일랜드의 영향이 컸는지 모른다. 나중에 이야기하겠지만 아일랜드에서는 일찍부터 감자를 음식으로 먹었으며, 19세기에는 주식이나 다름없는 지위를 차지했다. 1710년부터 세 번째 국세조사가 이루어진 1812년까지 영국의 인구는 약 100% 증가했지만 아일랜드의 인구는 166% 이상 크게 증가했다. 그 배경에는 싼값에 대량 공급이 가능한 감자가 있었다.

피시 앤드 칩스의 등장

감자가 영국인들의 식생활에 정착했다고는 하지만 여전히 감자는 '빈민의 음식' 혹은 노동자 계급의 음식이었다. 영국의 음식이라고 하면 일단 고기가 있고 거기에 밀로 구워낸 빵을 곁들이는 식이었다. 하지만 고기는 값이 비싸고 밀로 만든 빵도 비교적 고가였기 때문에 감자로 보충할 수밖에 없었다. 1860년대에는 감자와 생선이 노동

그림 3-3 구운 감자를 파는 남자. '따끈따끈한 구운 감자 있습니다'라 며 손님을 불렀다[헨리 메이휴 1992].

자 계급의 음식을 상징하는 존재가 되었다. 그리고 1861년 무렵 런던의 거리 곳곳에는 '핫 포테이토'를 파는 상점이 등장했다(그림 3-3). 핫 포테이토라고 하면 삶은 감자를 떠올리기 쉽지만 이것은 '구운 감자'이다. 빵가게에서 구워주는 이 감자는 커다란 양철 냄비에 넣고 굽는데 다 구워지기까지 1시간 남짓 걸린다. 이렇게 구운 감자를 파는 노점 상인들에 대해 영국의 사회학자 헨리 메이휴Henry Mayhew는 다음과 같은 귀중한 기록을 남겼다.

구운 감자는 1야드(약 91.4cm) 반쯤 되는 녹색 모직물에 식지 않도록 잘 싸서 바구니에 담아 가지고 온다. 가져온 감자는 뚜껑이 반만 달린 양철통에 넣는다. 양철통에는 다리가 넷 달려 있고 커다란 손잡이도 있다. 또 감자가 든 양철통 밑에는 철로 된 화로가 매달려 있다. 화로 위에는 물을 끓이는 그릇이 있는데 양철통 안에 있어 보이진 않

지만 감자를 계속 데워
주는 역할을 한다. 양철
통 한쪽에는 버터와 소
금을 담는 작은 공간이
있고, 다른 한쪽에는 새
숯을 넣어두는 또 다른
공간이 있다. 물을 끓이
는 그릇 위쪽, 뚜껑 옆
에는 수증기를 내뿜는

(위) 런던의 피시 앤드 칩스 식당
(아래) 피시 앤드 칩스

가는 관이 있다. (중략) 감자 장수는 이 간이노점에 굉장한
자부심을 가지고 있었다.

(헨리 메이휴 『런던 뒷골목의 생활사』 중)

　18세기 후반 영국에서는 산업혁명이 일어났다. 그 결
과, 생산 활동의 기계화와 동력화가 진행되고 공장제 공업
도 보급되었다. 그로 말미암아 공업도시가 탄생하고 자본
가와 공장 노동자 계층도 생겨났다. 공업화가 진행되면서
영국에서는 감자와 생선 튀김이 노동자들의 식탁의 중심
이 된다. 도시 곳곳에 '피시 앤드 칩스Fish and Chips'를 파는

상점들이 출현한 것이다.

피시 앤드 칩스는 광어, 가자미, 대구, 새우 등의 생선 튀김과 감자튀김을 토마토케첩이나 비니거 등에 찍어 먹는 요리이다. 포장 판매의 경우 삼각형으로 접은 신문지에 감자튀김을 담고 그 위에 생선 튀김을 올려주는 식이다. 피시 앤드 칩스가 보급된 것은 19세기 중반 특히 1960년대 이후였다. 20세기 초 런던에는 1,200개나 되는 피시 앤드 칩스 식당이 있었다고 한다. 그 배경에는 기선에 의한 트롤 어법으로 대량 어획이 가능해진 점, 냉동 기술과 철도를 이용한 운송 수단의 확립이 있었다. 산업혁명의 기술 변화가 탄생시킨 노동자들의 음식, 피시 앤드 칩스야말로 산업혁명의 상징이라고 할 수 있다.

감자를 좋아하는 나라 - 아일랜드

유럽 각국이 감자에 대한 편견에 사로잡혀 있던 중에도 유일하게 '감자를 좋아하는' 지방이 있었다. 영국 서쪽에 위치한 아일랜드이다. 아일랜드는 일본의 홋카이도와 비슷한 면적의 소국으로 감자 때문에 국민 대부분이 큰 재해

아일랜드 개략도

를 겪은 역사가 있다. 이른바 감자 '대기근'이다. 이는 아일랜드뿐 아니라 미국, 영국, 오스트리아 등을 휩쓴 지구적 규모의 대참사로 번졌다. 아일랜드에 대해 조금 더 자세히 설명하기로 하자.

아일랜드에 감자가 도입된 것은 16세기 말 무렵으로 다른 유럽 국가와 달리 17세기에 이미 재배 작물로 정착하고, 18세기에는 주식으로 이용하는 사람도 많았다. 그 배경에는 아일랜드의 특이한 풍토가 있었다. 아일랜드는 북위 50°를 넘는 고위도 지방으로, 1만여 년 전 홍적세까지 섬 전체가 빙하에 덮여 있었다. 그런 이유로 토양이 얇고 기온이 낮아 작물의 생육에 적합한 부식토가 부족했다. 그러나 감자는 이런 토양과 기후에서도 잘 자랐다.

그렇다고 감자가 금방 주식의 자리를 차지한 것은 아니었다. 본래 아일랜드인들의 주식은 귀리로, 이것을 거칠게 부수거나 가루로 만든 오트밀을 먹었다. 그리고 버터 등의 낙농 식품으로 영양을 보충했다. 특히 귀리를 수확하기 전인 여름에는 낙농 식품이 식사의 중심이었다. 하지만 귀리와 낙농 식품만으로 겨울을 나기에는 충분치 않았다. 귀리가 흉작이면 곧장 식량 부족을 겪었다. 이런 상황 속에서 주목을 끈 것이 감자였다. 실제 감자 재배를 통해 1660년대부터 1670년까지 수차례에 걸친 귀리 흉작을 무사히 넘길 수 있었다.

한편 아일랜드에는 감자를 받아들인 사회적 배경도 있었다. 당시 아일랜드는 영국의 식민지나 다름없는 상태였다. 거기에는 가톨릭을 믿는 아일랜드와 프로테스탄트를 믿는 영국의 종교적인 대립이 있었다. 영국은 아일랜드의 가톨릭 신자가 소유한 농지를 몰수해 영국인들에게 배분했다. 땅을 빼앗긴 아일랜드인들은 소작농이 되는 수밖에 없었다. 이런 상황에서 주로 보리를 재배했던 소작 농가들은 지대를 지불해야 했는데 감자는 지대를 내지 않았다.

게다가 감자는 대규모 자본을 투입하지 않고도 쉽게 재배할 수 있다는 이점이 있었다. 농기구도 간단한 족답식 가래만 있으면 가능했다. 이 족답식 가래를 이용해 밭을 일군다. 이때도 밭 전체가 아니라 감자를 심을 이랑만 만들면 된다. 이런 경작 방법을 레이지 베드Lazy Bed, 이른바 '게으른 모판'이라고 불렀다. 비료는 가축분을 사용했으며, 해안 지방에서는 해초를 사용하기도 했다.

'게으른 모판'이라는 놀림에도 감자는 잘 자랐다. 특히 이랑을 높이 쌓았기 때문에 배수도 원활히 이루어졌다. 제2장에서도 살펴보았듯이 일찍이 감자의 고향 안데스에서도 사용했던 방법이다.

그리하여 아일랜드에서는 감자 재배가 급격히 증가했다. 그 결과, 감자가 아일랜드에 도입된 이래 100년 남짓한 동안 아일랜드인이라고 하면 누구나 '감자를 좋아한다'

고 할 만큼 감자를 자주 먹게 되었다. 18세기 중반에는 감자가 거의 유일한 식량이라고 해도 좋을 만한 위치를 점하게 된다.『세계를 바꾼 식물』의 저자 버사 S. 다지Bertha S. Dodge는 당시 아일랜드를 여행한 한 인물은 '이곳은 일 년 중 10여 개월을 감자와 우유만 먹고 나머지 2개월은 감자와 소금만 먹는다'고 기록했을 정도라고 말했다.

실제 당시 아일랜드인 한 명이 하루에 소비하는 감자의 양은 10파운드(약 4.5kg)에 달했다. 감자는 영양 균형이 뛰어난 작물로 비타민과 미네랄도 풍부하다. 그렇기 때문에 우유를 조금 마셔주면 충분한 영양을 섭취할 수 있었던 것이다. 마침내 아일랜드에서는 감자 재배가 널리 확대되고 그에 따라 인구도 크게 늘었다. 1754년 320만 명이었던 아일랜드의 인구는 그 후 100년이 채 되지 않은 1845년에는 약 820만 명까지 증가했다.

'감자 대기근'

그 후 아일랜드에는 예상치 못한 비극이 닥쳤다. 1845년 8월 16일 원예 전문지 〈가드너스 크로니클The Gardeners' Chronicle〉은 영국 남부 와이드섬에서 새로운 역병이 발생했다고 보도했다. 그다음 주에는 같은 잡지의 편집자이자 유명한 식물학자

와이드섬. 이 섬에서 감자 역병이 퍼져나갔다(야마모토 쇼코 씨 촬영).

존 린들리John Lindley도 감자밭에 심각한 역병이 발생했다고 보도했다. 감자 역병은 먼저 잎에 반점이 번지다 검게 변하고 결국 줄기와 덩이줄기까지 괴사해 악취를 풍긴다.

당시 아일랜드인들은 이런 재해를 강 건너 불 보듯 방관했다. 역병이 아일랜드까지 번지지 않았기 때문이다. 하지만 역병은 금세 영국 전체로 퍼져 아일랜드까지 번졌다. 그해 피해는 비교적 경미했지만 아일랜드 감자 생산량의 절반이 감소했다고 추정된다. 당시 돈으로 환산하면 아일랜드에서는 350만 파운드, 영국에서는 500만 파운드나 손해를 보았다고 한다.

정부는 급히 미국에서 10만 파운드의 옥수수를 사들였지만 아일랜드인에게는 맞지 않았다. 옥수수는 가루로 만들어야 했는데 대부분의 아일랜드인은 제분기를 가지고 있지

않았기 때문이다.

감자 역병은 해를 넘겨도 사라지지 않았다. 오히려 이듬해인 1846년의 피해가 더 컸다. 영국의 저명한 역사학자 라파엘 샐러먼Raphael Salaman 박사는 한 가톨릭 신부가 목격한 당시의 상황을 다음과 같이 인용했다.

1846년 7월 27일, 코크에서 더블린으로 향하던 중에 본 감자밭은 풍성한 수확을 약속하는 듯했다. 그러나 돌아가는 8월 3일, 나는 처참한 광경을 목격했다. 감자가 썩어 있었던 것이다. 감자밭에 주저앉아 눈물 짓는 가련한 사람들을 보았다. 먹을 것이 없어졌기 때문이다.

(라파엘 샐러먼, 『The History and Social Influence of the Potato』 중)

이처럼 감자의 9할이 역병에 걸린 가운데 극심한 겨울 한파가 닥쳤다. 11월에는 폭설이 덮치고, 사람들은 풀을 태워가며 간신히 추위를 견뎠다. 그러나 1848년 또다시 심각한 기근이 찾아와 굶어죽는 사람이 속출했다. 그야말로 '대기근'의 참상이었다.

하지만 실제로는 먹을 것이 없어 굶어죽는 사람보다 병

에 걸려 죽는 사람이 더 많았다. 온갖 질병이 영양 부족으로 체력이 약해진 사람들을 덮쳤다. 유행성 열병이 들불 번지듯 전국에 퍼졌다. 당시 사람들이 '기아열'이라고 부르던 이 열병은 실은 티푸스와 재귀열이었다. 이 '열병'에 대해서는 저술가 래리 주커먼Larry Zuckerman이 자신의 저서에서 인용한 1846년의 견문기를 소개한다.

처음 본 허름한 집에는 시체와 소름 끼치도록 심하게 여윈 사람 여섯이 구석에 깔린 지저분한 짚더미 위에 꼼짝도 않고 기대앉아 있었다. 발은 다 해진 넝마로 감싸고 있었다. 비쩍 마른 다리는 축 늘어져 무릎 위가 훤히 드러나 있었다. 두려움에 떨며 가까이 다가간 나는 낮은 신음 소리를 듣고 이들이 살아 있다는 것을 알았다. 열병이었다. 아이 넷에 여자 한 명, 그리고 남자로 보이는 시체 한 구. 더 이상 자세히 설명하기는 힘들다. 지금 말할 수 있는 것은 그 수분 후에 최소 200여 명이 넘는 이런 유령들을 만났다는 것뿐이다. 어떤 말로도 표현할 수 없는 공포 그 이상의 지옥이었다.

(래리 주커먼『세계를 구한 감자』중)

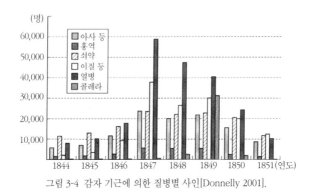

그림 3-4 감자 기근에 의한 질병별 사인[Donnelly 2001].

‘열병’ 외에도 홍역, 이질, 콜레라 등이 창궐했다. 비타민 C가 부족한 옥수수 가루를 먹던 사람들은 괴혈병에 걸렸다. 그림 3-4의 도표에도 나타나듯이 질병 사망률은 1851 년이 되어서야 겨우 수그러들지만 그때까지 ‘대기근’으로 목숨을 잃은 아일랜드인이 100만 명에 이른다는 것이 역사가들의 일치된 견해이다. 너무나 많은 사람들이 목숨을 잃었기 때문에 관이며 묘지도 제때 준비하지 못하고 그대로 짐차에 실어 나르고 한꺼번에 매장했다고 한다(그림 3-5).

물론 아일랜드인들도 이런 상황을 가만히 참고 견딘 것만은 아니었다. 병폐한 아일랜드를 포기하고 새로운 세계를 찾아 떠나는 사람이 줄을 이었다. 그것은 이민이라기

그림 3-5 짐차로 옮겨지는 시체[Illustrated London News 1847].

보다 오늘날의 난민과 다를 바 없었다. 그들은 악명 높은 '관선棺船(Coffin Ship)'에 몸을 싣고 새로운 세계로 향했다. 그러나 그중 5분의 1은 목적지에 닿기도 전에 배 안에서 목숨을 잃었다고 한다.

그들이 향한 새로운 세계는 영어가 통하는 영국, 미국, 캐나다, 오스트리아, 뉴질랜드 등이었다. 그림 3-6은 '대기근' 이후 아일랜드에서 미국과 영국의 식민지로 이주한 사람들의 수로 '대기근' 시대부터 1850년대 전반에 이민자 수가 급증한 것을 알 수 있다. 다만 이 도표는 아일랜드에서 영국으로 이주한 사람들의 수는 포함하지 않는다. 아마 거리적으로도 가까운 영국으로의 이주는 이 도표에 나

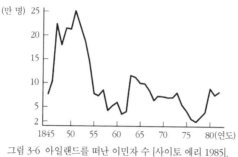

그림 3-6 아일랜드를 떠난 이민자 수 [사이토 에리 1985].

타난 수보다 훨씬 많았을 것으로 추정된다.

　이처럼 '대기근' 시대에 아일랜드를 떠난 사람은 150만 명에 달했다. 하지만 가난하고 특별한 기술도 없는 이민자들을 기다리는 것은 고난의 길이었다. 특히 프로테스탄트가 다수인 미국에서 가톨릭계 아일랜드인의 입지는 더욱 비좁았다. 미국 사회에서 가톨릭을 믿는 아일랜드인에 대한 편견은 직업을 구할 때도 방해가 되었다. 실제 일부 고용인들은 가톨릭계 아일랜드인 채용을 거부했으며, 사원 모집 광고에 '아일랜드인 지원 사절No Irish Need Apply'이라는 문구를 넣기도 했다. 하지만 아일랜드인들은 이 굴욕적인 문구에 곡을 붙여 1870년대 가장 인기 있었던 다음과 같은 노래를 만들었다.

나는 발리파드 출신의

건실한 아일랜드인

나는 직장을 원해

아주 절실하거든

그 구인 광고를 보고 생각했지

내게 딱 맞는 일이잖아

하지만 그 멍청한 자식이

이런 말을 덧붙였더군

'아일랜드인 지원 사절'

이런 모욕이 또 있을까

하지만 난 그 일이 필요했거든

결국 난 그런 문구를 쓴

악당을 찾아갔지

'아일랜드인 지원 사절'

팻이나 댄이라는 세례명을 받는 걸

불행한 일이라고 생각할지도 몰라

하지만 아일랜드인으로 태어난 것은

더없는 영광이라네

(커비 밀러 & 폴 바그너 『아일랜드에서 아메리카로』 중)

이런 고난을 이겨내고 성공한 사람도 있었다. 그중 한 사람이 미국 대통령이 된 J. F. 케네디이다. 그의 증조부는 '대기근'이 일어났던 1848년 아일랜드에서 미국으로 이주한 인물이었다.

'대기근'의 원인과 결과

아일랜드가 이런 참혹한 기근을 겪게 된 이유는 무엇일까. 먼저 감자 역병에서 그 원인을 찾을 수 있다. 당시에는 밝혀지지 않았지만 아메리카 대륙에서 들어왔을 것으로 예상되는 진균류 감자 역병균Phytophthora infestans이 감자 역병을 일으키는 원인이었다. 그리고 앞서 말했듯이 1845년 6월 처음 와이드섬에 출현해 유럽 전역으로 퍼졌다.

그런데 왜 아일랜드에서만 감자 역병이 대기근을 부른 것일까. 그것은 한마디로 아일랜드인이 '감자를 좋아하기' 때문이었다. 즉, 감자에만 의존한 나머지 기근과 같은 비상시에 대체할 작물이 없었던 것이다. 사태를 더욱 악화시킨 것은 단일 품종 재배였다. 감자에는 수많은 품종이 있지만 아일랜드는 19세기 초 무렵부터 오로지 럼퍼Lumper라고 불리는 품종만 재배했다. 이 품종은 영양 면에서는 다른 품종에 비해 떨어지지만 적은 비료와 빈약한 토양에서도 재배가 가능했기 때문에 아일랜드 전역에 널리 퍼졌다. 감자는 덩이줄기로 증식하는 이른바 클론이기 때문에 단일 품종만을 재배하면 유전적 다양성을 잃게 된다. 따라서 어떤 질병이 발생했을 때 저항성을 가지고 있지 않은 품종은 모두 같은 피해를 보게 된다. 아일랜드 대기근이 발생한 원인이다.

물론 대기근의 모든 원인을 감자 역병 탓으로만 돌릴 수는 없다. 당시 아일랜드의 사회적 상황도 고려해야 한다. 앞서 말했듯이 당시 아일랜드는 영국의 식민지나 다름없는 상태였으며, 농민들은 가난에 허덕였다. 엎친 데 덮친 격으로 기근이 닥쳤으나 정부의 대응은 미진했다. 한시바삐 저렴한 곡물을 수입해 식량 부족을 해결해야 했지만 곡물 가격 유지가 목적인 소위 곡물법에 발이 묶였다. 또 자유 시장에 대한 국가의 간섭을 배제하는 이른바 '자유방임주의Laissez-faire'도 대응책 마련에 걸림돌이 되었다. 결국 정부에 의한 곡물 수입은 거의 실시되지 않았다. 게다가 국외 수출에 대한 규제도 이루어지지 않아 수많은 아일랜

아일랜드 북부 슬라이고 근교의
방목지.

드인들이 굶주리는 형편
인데도 곡물은 아일랜드
밖으로 빠져나가는 비정
상적인 상황이었다.

기아와 질병 그리고 국
외 탈출의 결과, 아일랜
드의 인구는 급격히 줄었다. 그 후로도 인구는 계속 줄어
1911년에는 440만 명으로 급감해 1845년 당시 인구의 절
반 정도까지 크게 줄었다. 그 후유증이 지금도 계속되는
듯 1990년 아일랜드의 인구는 약 350만 명에 그쳤다. 반
면에 아일랜드계 인구는 미국이 4,300만 명, 전 세계에는
7,000만 명에 달한다고 한다.

아일랜드의 인구 감소는 농촌의 노동력 부족으로 이어
져 농경지 대신 방목지가 대세를 점하게 되었다. 2006년
감자 대기근의 피해가 심각했던 아일랜드 서부의 코노트
주를 방문한 적이 있다. 마을을 조금 벗어나자 인가는 드
물고 밭 대신 방목지만 펼쳐져 있었다. 드문드문 눈에 띄
는 인가를 바라보며 코노트주는 아직도 기근의 후유증을
극복하지 못했다는 인상을 지울 수 없었다.

제4장
히말라야의 '감자 혁명'
– 구름 위의 감자밭

에베레스트 산기슭에서 감자를 수확하는 셰르파 민족 여성들
(해발 약 4,200m).

고지 민족 셰르파

　네팔 동부와 티베트 국경 지대에 솔루쿰부Solu-khumbu라는 지방이 있다. 산을 좋아하는 사람이라면 한 번쯤 가보고 싶은 곳이다. 실제 솔루쿰부는 네팔뿐 아니라 전 히말라야 산악 지역 중 가장 많은 등산객들이 찾는 지역이라고 한다. 그도 그럴 것이 솔루쿰부에는 네팔에 있는 8,000m급 고봉 8좌 중 세계 최고봉인 에베레스트(현지명 사가르마타)를 비롯한 4좌가 있기 때문이다. 이 밖에도 솔루쿰부에는 7,000m급 고봉이 즐비하다. 본 장에서는 이 솔루쿰부 지방을 다룰 것이다. 이곳에는 등산 가이드나 짐을 운반해주는 포터로 유명해진 셰르파 민족이 살고 있다. 감자의 도입은 이른바 '감자 혁명'이라고 불릴 만큼 그들의 생활에 큰 변화를 가져왔다.

　솔루쿰부 지방에 사는 대부분의 사람들은 셰르파라는 이름으로 알려져 있다. 셰르파라고 하면 등산 가이드나 포터를 떠올리지만 어엿한 하나의 민족이다. 셰르파는 '동방에서 온 사람'을 뜻하는 말로, 그 이름 그대로 본래 티베트 고원 동부에 살았던 티베트계 민족이 지금으로부터 약 500년 전쯤 히말라야를 넘어 네팔로 이주해 정착한 것이

낭파라
초오유
(8,153m)
에베레스트
(8,848m)
로체
롤왈링
타미
쿰부
테시라프차
남체
눕부르
(6,957m)
루클라
파락
쇼웅하
말
지리 방면
춘베시
나야바자르
설레리
파플루
솔루
두드
코시
오캄드훙가
빙하
주요 정상
능선
수계
주요 취락
주요 도로
0   10km
마하바라타산맥
시왈리크 구릉
코다리
방면
솔루쿰부 지역
네팔
카트만두

0   10km

네팔 동부, 솔루쿰부 지방의 개념도. [가노鹿野 2001]을 일부 변경.

다. 그들은 대부분 해발 3,000m 부근부터 4,000m 전후의 고지대에서 농업과 목축을 하며 생활해왔다.

특히 쿰부 지방의 셰르파는 해발 4,000m 전후의 고지대에 거주하며 고소高所 셰르파라고도 불린다. 한편 솔루 지방의 셰르파는 해발 3,000m가량의 조금 낮은 지역에서 생활한다. 나는 솔루 지방에서 10여 명의 연구팀과 장기 체류하며 인류학 조사를 시행했다. 쿰부 지방은 한 번 방문한 것이 전부인데, 이미 많은 인류학자들이 조사를 하던 쿰부 지방과 달리 솔루 지방에 대한 조사가 부족하다는 판단 때문이었다. 이제 두 지역을 비교하며 이야기를 풀어나갈 것이다. 먼저 문헌 자료 등이 풍부한 쿰부 지방부터 살펴보자.

에베레스트 기슭에서

쿰부 지방은 대략 에베레스트 기슭에 위치한다. 장소에 따라 에베레스트를 조망할 수도 있다. 고지에 있기 때문에 한 해의 절반은 기온이 낮아 농사를 짓지 못하고 작물 재배는 4월 중순부터 9월 초순에만 한정된다. 주요 작물은 메밀, 감자, 순무, 보리 등이다. 이들 작물 중 감자만이 히말라야에 새로 도입된 비교적 역사가 짧은 작물이다. 과연 감자는 언제, 어디에서 네팔의 히말라야로 들어왔을까.

감자가 들어온 시기는 19세기 중반 무렵인 듯하다. 실제 히말라야 전역을 답사한 식물학자 조지프 후커Joseph

Dalton Hooker는 1848년 네팔 동부에 위치한 칸첸중가의 산기슭에서 감자를 보고, 최근에 도입된 작물이라고 기술했다. 유럽에 비해 200~300년이나

쿰부 지방에서 조망한 에베레스트(사가르마타) 봉우리.

늦게 네팔 히말라야에 도입된 감자는 인도 다르질링에 정착한 유럽인과 카트만두에 거주하는 영국인들의 밭에서 전래되었다고 한다.

히말라야에 도입된 감자는 그 후 어떻게 되었을까. 세르파 연구의 일인자 하이멘도르프Fürer-Haimendorf 박사는 감자가 쿰부 지방에 빠르게 정착해 널리 재배되었을 것으로 보았다. 그 이유는 물론 감자의 높은 생산성 때문이었다. 종래의 주 작물인 보리나 메밀보다 감자의 생산성이 훨씬 높았기 때문에 메밀밭은 금세 감자로 대체되었던 듯하다. 실제 오늘날의 쿰부 지방에는 메밀밭은 거의 없고 감자밭만 눈에 띈다.

그 밖에도 쿰부 지방의 감자 재배 증가를 말해주는 것이

있다. 급격한 인구 증가이다. 1836년 169가구였던 쿰부 지방의 인구는 1957년 596가구로 크게 증가했다. 인구 증가는 단순히 감자의 높은 생산성뿐 아니라 영양가와도 관련이 깊다. 감자는 영양가가 높은 작물이다. 그 덕분에 셰르파 주민들의 영양 상태가 좋아지고 사망률도 감소한 것이다. 쿰부 지방의 식량 상태가 풍부해지자 일찍이 교류가 있었던 티베트에서의 인구 이입을 초래했다. 하이멘도르프 박사는 감자가 쿰부 지방의 경제에 '혁명'을 일으켰다고 결론지었다.

'감자 혁명' 논쟁

쿰부 지방에 급속도로 퍼진 감자가 19세기의 재래 농업을 크게 바꾸고 인구는 물론 사회와 문화까지 바꾸었다는 사실은 널리 인정되고 있다. 어떤 연구자는 감자가 도입되기까지 셰르파 민족은 농경민이 아닌 유목민이었다고 주장했다. 또 앞서 이야기한 하이멘도르프 박사는 감자 재배가 셰르파 사회의 번영을 가져왔다며 다음과 같이 주장했다.

19세기 중반 쿰부 지방의 인구는 현재 인구의 일부에 불과하며, 최근 100년간 큰 폭의 인구 증가는 감자 재배의 보급과 정확히 부합한다. (중략) 새로운 작물의 도입과 현저한 인구 증가가 관련이 있다는 것은 누구나 짐작할 수 있다.

(F. 하이멘도르프, 『The Sherpas of Nepal』 중)

　이런 주장에 의문을 제기한 것이 미국의 지리학자 스탠리 스티븐슨Stanley F. Stevenson 교수이다. 그는 하이멘도르프 박사의 주장이 근거가 부족하다고 반박했다. 예를 들어 하이멘도르프 박사가 인구 증가의 근거로 제시한 1836년부터 1957년에 걸친 3배 이상의 인구 증가에 대해 그 정도의 인구 증가는 네팔 전체의 인구 증가와 큰 차이가 없다고 지적했다. 다만 스티븐슨 교수도 네팔 전체의 인구 증가가 옥수수 재배의 도입과 계단 경지를 이용한 수전 경작 등의 새로운 농업 기술의 혁신에서 기인한 것임은 인정했다.

　즉, 스티븐슨 교수는 감자 도입 자체가 인구 증가를 가져왔다는 것은 성급한 주장이라고 말했다. 지방 단위의 인구 증가는 자연적인 인구 증가나 이주에 의한 증가도 있기 때문이다. 실제 19세기부터 20세기에 걸친 쿰부 지방의 인구 증가에는 티베트 이주민들에 의한 인구 유입도 반영되어 있다고 한다.

여기서 내 의견을 덧붙이고자 한다. 스티븐슨 교수는 쿰부 지방의 인구 유입에 대해서만 이야기했는데 쿰부 지방에서의 인구 유출은 없었을까. 쿰부는 셰르파족 주민들이 거주하는 지역 중 가장 고도가 높고 기온이 낮은 혹독한 환경이기 때문에 따뜻한 지역으로의 인구 이동도 있었을 것이다. 게다가 1912년 인도의 다르질링에서 셰르파 등산대에 대한 조직적 고용이 시작되면서부터 다르질링으로의 인구 이동도 있었을 것이다. 따라서 쿰부 지방의 인구 유입뿐 아니라 인구 유출도 함께 고려해야 한다.

스티븐슨 교수는 다른 점에 대해서도 비판했다. 감자의 도입이나 보급이 생각만큼 빠르지 않았다는 점이다. 스티븐슨 교수에 따르면 몇몇 감자 품종이 도입되었지만 수확량이 더 높은 리키 모루라는 붉은색 감자 품종이 새로 도입된 1930년대까지 감자 재배는 쿰부 지방 주요 농업이 아니었다고 한다. 이 점은 그의 지적이 옳을 수도 있다.

도입 초기의 감자 품종은 수확량이 낮아 재래 농업에 큰 영향을 미치지 않았을 가능성이 있다. 이 가능성에 대해서는 솔루 지방의 사례를 통해 검토해보자.

스티븐슨 교수는 또 한 번 하이멘도르프 박사의 '감자 혁명'설에 반론을 제기했다. 그의 반론을 소개하기 전에 하이멘도르프 박사의 해당 부분을 인용하기로 한다.

> 새로운 사원과 종교 유적 등의 건설, 더 나아가 불교 수도원과 여승방 등의 설립은 최근 50~70년 사이에 생긴 일이다. (중략) 이런 일들은 감자의 도입과 그에 따른 농업 생산량의 증대에서 비롯된 것임이 분명하다.
>
> (F. 하이멘도르프, 『The Sherpas of Nepal』 중)

이런 의견에 대해 스티븐슨 교수는 생산성 증대가 농업에 기여한 역할은 비교적 크지 않고, 종교적 건물과 유적 건설의 배경에 대해서는 더욱 엄밀한 검토가 필요하다고 말했다. 또 마을에서 볼 수 있는 사원 대부분이 1830년 혹은 그 이전에 세워졌다는 것이다. 즉, 종교와 관련된 건물과 유적은 '감자 혁명' 이전에 세워졌다는 것이 그의 주장이다.

하지만 이 점에 관해서는 스티븐슨 교수가 간과한 부분이 있다. 예컨대 솔루쿰부 최초의 사원이 쿰부 지방의 티앙보체에서 세워진 것은 1916년이었다. 또 디보체(쿰부 지방)에 솔루쿰부 최초의 여승방이 지어진 것도 1928년의 일이다. 1940년경 쿰부 지방의 타미 사원에서는 수도승들이 가면을 쓰고 춤판을 벌이는 마니림두 축제도 시작되었다. 즉, 스티븐슨 교수의 주장과 달리 쿰부 지방에서는 '감자 혁명'과 병행하듯 불교 사원과 여승방이 세워지고 종교 행사가 성행했다.

물론 스티븐슨 교수도 쿰부 지방에서의 감자의 역할을 가볍게 본 것은 아니다. 오히려 '감자 혁명'이라는 말을 적극적으로 사용한 것은 스티븐슨 교수였다. 다만 스티븐슨 교수는 '감자 혁명'이 본격적으로 시작된 것은 앞서 말한 리키 모루라는 신품종이 보급된 1950년경이라고 생각했다. 시기에 대한 의문은 남아 있지만 감자 보급이 쿰부 지방 주민들에게 '혁명'이라고 부를 만큼 커다란 영향을 미친 것은 분명하다. 실제 스티븐슨 교수의 관찰에 따르면 쿰부 지방 세르파들의 식사는 감자에 크게 의존하고 있었다. 성인 1인당 하루 1kg 이상의 감자를 소비하며 4인 가족으로 따지면 연간 1~2톤의 감자가 필요하다고 한다.

다음은 솔루 지방에 대해 살펴보자. 앞서 말했듯이 솔루 지방에서는 내가 직접 조사를 했기 때문에 그 조사 결과를 토대로 보고한다.

솔루 지방의 셰르파

내가 조사한 지역은 솔루 지방의 흔히 준베시 골짜기라고 불리는 곳이었다. 이 골짜기 상류에는 해발 6,957m의 고봉 눔부르봉이 우뚝 솟아 있다. 그리고 이 골짜기 중앙에 해당하는 해발 2,675m 지점에 준베시라는 이름의 100가구 남짓한 작은 마을이 있다. 주민들은 모두 셰르파 민족으로 일설에 따르면 준베시는 네팔 히말라야에서 가장 오래된 셰르파 마을이라고 한다.

우리 조사팀은 이 준베시 마을에 조사 기지를 꾸리고, 이곳과 또 다른 마을 한 곳에 장기 체류했다. 다른 한 곳은 준베시 마을에서 약 200m쯤 올라간 해발 2,900m 위치의 팡카르마 마을이다. 팡카르마 역시 셰르파 민족 13가구가

준베시 마을(아래쪽에 보이는 취락). 뒤쪽의 설산은 눔부르봉(6,957m).

모여 사는 작은 마을이다. 마을 주민들은 대부분 농사를 짓는데 밀, 보리, 감자 등의 주작물 외에 무, 겨자 등의 채소도 재배한다. 우리는 팡카르마 마을의 한 농가에 머물며 주변 마을을 조사하고 채집해온 식물을 말리거나 표본을 만들었다. 농가에 오래 머물면서 셰르파 주민들의 식생활에 대해서도 자세히 알게 되었다. 우리가 머문 농가의 식사를 중심으로 셰르파 주민들의 감자 위주의 식생활을 소개하고 싶다. 쿰부 지방과는 조금 다른 모습을 볼 수 있기 때문이다.

다락방의 다이닝 키친

팡카르마 마을에서 볼 수 있는 셰르파족의 집은 견고한 2층 목조 주택으로 사방에 커다란 창이 달려 있다. 다만 우리가 머물던 집에는 다락방이 딸린 3층 주택이었다. 1층은 수확한 감자를 저장하거나 비오는 날 보리 등을 탈곡하는 농작업이 이루어지는 창고이다.

셰르파 가정의 아궁이. '감자 빵' 리키 쿠르를 만들고 있다.

2층에는 불상을 안치한 방과 침대를 놓은 침실 등이 있다. 요즘은 잘 쓰지 않는 커다란 황동 물통이며 평소에 잘 쓰지 않는 냄비나 식기 등을 모아놓은 방도 있다. 커다란 황동 물통은 과거 우물에서 물을 길어와 담아둘 때 꼭 필요했지만 지금은 수도가 보급되면서 쓸 일이 없어졌다. 참고로 우리 조사팀은 2층의 방 하나를 빌려 머물렀다.

이 집의 주방은 앞서 말한 3층 다락방에 있다. 이곳은 주방뿐 아니라 식당으로도 이용되는 이른바 다이닝 키친이다. 이 방에는 작은 창 하나만 달려 있어서 낮에도 꽤 어둡다. 밝을 때 들어오면 한동안 아무것도 보이지 않을 정도이다. 어둠에 익숙해지면 넓은 마루방 한가운데 커다란 아궁이가 보인다.

　최근 팡카르마 마을에도 전기가 들어왔지만 여전히 장작을 때서 밥을 짓는다. 준베시 골짜기 가장 안쪽에 위치한 팡카르마 마을까지 들어오는 전력이 워낙 약해서 밥을 짓기에는 역부족이었기 때문이다. 고지에 있는 쿰부 지방에서는 소의 분뇨를 말려서 연료로 쓰는데 팡카르마 마을에서는 그것도 거의 사용하지 않는다. 이곳의 풍성한 산림 덕분에 땔감은 충분하다. 지붕에는 굴뚝도 있고 장작도 바짝 말려서 쓰기 때문에 연기도 그리 맵지 않다. 해발 3,000m에 가까운 이 마을은 밤이 되면 기온이 내려가 썰렁하지만 아궁이에 지핀 불이 난방기구의 역할을 해 방 안은 따뜻하다.

　방 한구석에는 수원水源에서 고무관을 통해 끌어온 간이수도가 있고, 그 옆에 평소 사용하는 가마솥이며 그릇 등이 놓여 있다. 벽에는 낮은 나무 침대가 놓여 있고, 그 앞에는 작은 책상이 있다. 식사할 때는 침대에 걸터앉아 이 작은 책상을 식탁으로 이용한다. 이 집에는 젊은 부부와 그의 가족이 함께 살고 있다.

티베트에서 유래된 전통 음식

그들의 하루는 주방에서 들려오는 '슉슉' 하는 소리와 함께 시작된다. 이 소리는 버터차를 만들 때 나는 소리이다. 버터차 만들기는 우선 아궁이에 불을 지피고 큰 냄비에 홍차를 끓이는 것부터 시작한다. 이어서 동모라고 불리는 원통형 나무통에 버터와 소금, 그리고 뜨거운 차와 우유를 넣는다. 끝으로 동모에 나무 막대를 넣고 위아래로 섞으면 버터차가 완성된다. 이때 '슉슉' 하고 차를 휘젓는 소리가 나는 것이다.

식사는 1년 내내 큰 변화 없이 아침에는 거의 참파Tsampa를 먹는다. 참파는 볶은 보리를 빻아 가루로 만든 것으로 보리가 없을 때에는 밀로도 만든다. 이 참파에 설탕을 조금 넣고 버터차를 부어 먹는다.

이처럼 아침 식사에 빠지지 않는 참파와 버터차는 티베트에서 유래된 전통 음식이다. 티베트의 아침 식사도 대부분 참파와 버터차이다. 셰르파의 선조가 티베트에서 이주해온 후로 수백 년이 흐른 지금도 식생활의 전통을 이어가고 있는 것이다. 다만 그런 전통은 아침 식사에만 남아 있는 듯 아침 식사 이외에는 새로운 식재료를 이용하는 일도 많다. 대표적으로 감자, 옥수수, 고추 등의 아메리카 대륙 원산의 작물이 있다. 그 내용에 대해 살펴보자.

하루의 식사 횟수는 그날의 밭일 내용에 따라 정해진다. 밀이나 감자 등의 파종 혹은 수확으로 바쁜 날에는 온 가족이 오전 10시 이전에 점심을 먹고, 쉬면서 마실 버터차를 중국제 보온병에 담아 집을 나선다. 이런 날은 저녁에 찐 감자나 참파 등을 간식으로 먹고 허기를 채우기도 한다.

저녁 식사 준비는 소젖을 짠 이후에 시작한다. 소젖을 짜는 것은 여성들의 일이기 때문에 아무래도 저녁 식사 준비가 늦어진다. 그러다 보니 저녁에는 남자와 아이들 모두 함께 감자 껍질을 벗기거나 아궁이에 장작을 넣는 등 식사 준비를 돕는다. 돕는다기보다 즐겁게 이야기꽃을 피우며 식사를 준비한다. 아궁이를 둘러싸고 온 가족이 모여 있기 때문일 것이다.

그동안 안주인은 식전주인 창을 준비하고 손이 빈 사람이 창을 따라 모두에게 돌린다. 창은 본래 보리나 향모로 빚어내는 곡주인데 지금은 옥수수로 만들기도 한다. 히말라야에 퍼진 신대류 원산 작물의 영향을 엿볼 수 있다. 아이들은 밭에서 갓 캔 신선한 감자를 씻어 칼이나 낫으로 잘게 자른다. 일을 마친 사람은 막 걷기 시작한 아이를 돌보며 창을 돌린다. 셰르파 가정의 하루 중 가장 북적이는 시간이다.

절구에 고추를 찧고 있는 셰르파 여성.

모든 음식은 소금과 고추를 넣어 완성한다. 아궁이 위에 걸어놓은 바구니에서 말린 고추를 집어 절구에 찧는다. '콩, 콩, 콩' 하고 절구 찧는 소리가 들려오면 저녁 식사 준비가 다 되었다는 신호이다.

다채로운 감자 요리

셰르파족들이 야식으로 먹는 요리의 주재료는 감자이다. 예를 들어 9월 한 주의 6일 내내 저녁이나 야식으로 먹는 음식의 주재료는 감자였다(표 4-1). 저녁 식사와 야식 모두 감자를 먹는 날도 있었다. 때로는 점심에도 감자를 먹었다. 아침은 보리로 만든 참파를 먹었지만 셰르파족 주민들은 거의 매일 감자를 먹고 있었다.

이렇게 매일 감자를 먹기 때문인지 셰르파족 주민들의 식탁에는 다채로운 감자 요리가 올라온다. 앞서 말했듯이 감자는 안데스 원산의 작물이다. 히말라야는 감자 재배의 역사가 길지 않음에도 감자 요리의 종류는 안데스보다 다양하다.

그중에서도 그들이 가장 자주 먹는 요리는 셰르파 스튜라고도 불리는 샤크파Shyakpa이다. 샤크파는 10ℓ 정도의 큰 냄비에 말린 양 지방을 얇게 썰어 넣고 푹 끓여 수프를 만든다. 여기에 길게 썬 감자, 직접 빻은 밀가루로 엄지손가락보다 조금 크게 빚은 경단, 겨자, 강낭콩, 무 등의 계절 채소를 넣고 끓인다.

훈제 고기를 넣으면 더욱 맛있는데 아쉽게도 고기는 구하기 힘들다. 셰르파 주민들은 살생을 금하는 불교 신도이기 때문이다. 끝으로 소금과 고추로 맛을 내고 파를 기름에 볶아 냄비에 넣으면 완성된다. 하루 일을 마치고 샤크파가 식탁에 오르면 그 큰 냄비 가득한 수프가 눈 깜짝

표 4-1 셰르파족의 일주일 식단과 식재료. 9월의 팡카르마 마을

		식단	주요재료
15일	아침	버터차, 설탕을 넣은 차 참파	버터, 우유, 찻잎 밀가루[1], 버터, 우유, 찻잎
	점심	밥, 수프	쌀, 감자, 강낭콩
	저녁	찐 감자	감자, 대파
	밤	샤크파(셰르파 스튜) 마늘 초절임, 창	감자, 밀가루, 겨자 마늘
16일	아침	버터차, 설탕을 넣은 차 참파	버터, 우유, 찻잎 보릿가루, 버터, 우유, 찻잎
	점심	차파티(무발효 빵) 감자와 겨자 볶음, 샐러드	밀가루 감자, 겨자, 양배추
	저녁	참파	보릿가루, 버터, 우유, 찻잎
	밤	찐 감자, 창	감자
17일	아침	버터차, 설탕을 넣은 차 참파	버터, 우유, 찻잎 보릿가루, 버터, 우유, 찻잎
	점심	밥, 감자와 겨자 볶음 마늘 초절임	쌀, 감자, 겨자 마늘
	저녁	찐 감자	감자
	밤	툭파(셰르파식 국수), 창	밀가루, 양 뼈(수프용), 파
18일	아침	버터차, 설탕을 넣은 차 참파	버터, 우유, 찻잎 보릿가루, 버터, 우유, 찻잎
	점심	밥, 고기와 감자볶음	쌀, 감자, 고기
	밤	툭파, 콜리플라워 볶음, 창	밀가루, 양 뼈(수프용), 파, 콜리플라워
19일	아침	버터차, 설탕을 넣은 차 참파	버터, 우유, 찻잎 보릿가루, 버터, 우유, 찻잎
	점심	차파티 감자와 겨자볶음, 창	밀가루 감자, 겨자
	저녁	찐 감자	감자
	밤	샤크파, 마늘 초절임, 창	감자, 밀가루, 마늘
20일	아침	버터차, 설탕을 넣은 차 구운 옥수수	버터, 우유, 찻잎 옥수수
	점심	찐 감자, 창	감자
	밤	리키 쿠르(감자 빵), 창	감자, 버터, 쇼싱(Syosing, 유가공 조미료·역주), 파
21일	아침	버터차, 설탕을 넣은 차 참파	버터, 우유, 찻잎 보릿가루, 버터, 우유, 찻잎
	점심	밀가루 죽, 수프	밀가루, 감자, 겨자
	밤	찐 감자, 창	감자, 고막(Gomak)[2]

[1] 참파는 보통 보릿가루로 만들지만 보릿가루가 없을 때는 밀가루로도 만든다.
[2] 고막은 미나리과의 야생초.
[야마모토·이나무라 2000]을 일부 변경.

특별한 감자 요리, 릴독을 만드는 모습. 삶은 감자를 짓이겨 떡처럼 치댄다.

할 새 사라진다. 샤크파를 먹으면 몸이 따뜻해지기 때문에 기온이 낮은 밤에 먹기에 안성맞춤인 음식이다.

감자로 만든 빵과 같은 요리도 있다. 셰르파어로 '감자 빵'을 뜻하는 리키 쿠르 Riki Kur다. 리키 쿠르는 생감자를 갈아 밀가루를 조금 넣고 잘 섞은 후 프라이팬에 팬케이크처럼 구워낸다. 완성된 리키 쿠르는 버터를 올려 파나 고추에 소금을 넣고 으깬 양념을 찍어 먹는다. 아궁이에 평평한 돌을 올려놓고 뜨겁게 달군 뒤 그 위에 구우면 더욱 맛있다. 간식처럼 먹기도 하고, 가끔은 점심이나 저녁으로도 먹는다.

감자를 이용한 특별한 요리도 있다. 릴독Rildok이라는 수프이다. 이 수프는 결혼식처럼 특별한 행사가 있을 때 만드는 요리로 평소에는 자주 먹지 못한다. 릴독을 만들 때는 먼저 물을 끓인 후 말린 양 지방, 마살라Masala(커민이

나 강황 등이 들어간 혼합 향신료),
소금, 고추를 넣고 푹 끓여
수프를 만든다. 다음으로는
수프와 별개로 삶은 감자를
빨래판처럼 홈이 파인 돌그
릇에 놓고 나무 막대로 짓이
겨 떡처럼 찰기가 생길 때까
지 치댄다. 힘이 많이 드는
작업이라 대개 남성이 맡는

찐 감자를 먹고 있는 셰르파
민족. 으깬 고추 양념에 찍어
먹는다.

다. 떡처럼 된 감자 반죽을
손으로 떼어 수프에 넣고 끓이면 완성이다. 마시멜로와
같은 스펀지 형태의 감자와 수프를 함께 먹으면 몸도 따뜻
해지고 맛도 좋다.

한편 감자로 만든 가장 간단한 요리는 찐 감자이다. 간
단한 요리인 만큼 저녁 식사 외에도 배고플 때 간식처럼
먹기도 한다. 흔히 으깬 파나 고추에 토마토를 넣고 끓인
소스를 찍어 먹는다. 다 같이 둘러앉아 그릇에 가득 담긴
찐 감자와 창을 곁들여 먹는다.

광카르마의 감자는 형태가 제각각이라 겉보기는 좋지

않지만 단맛도 있고 맛있다. 직접 만든 퇴비를 사용해 유
기 재배를 하고 있기 때문일 것이다. 세르파 주민들은 화
학비료를 쓰면 수확량은 늘지만 '수분이 많고' '맛이 떨어
진다'고 말했다. 어쨌든 세르파족 주민들은 '감자 일색'이
라고 할 만큼 감자를 자주 먹었다.

식생활의 큰 변화

　물론 그들도 감자만 먹는 것은 아니고 보리와 밀 그 밖
에도 버터나 우유 등의 유제품 등도 종종 식탁에 올랐다.
하지만 식사의 중심은 역시 감자이다. 참고 삼아 팡카르
마 마을 일가족의 일주일 치 식단을 표 4-1에서 소개한다.
여기에서도 매일 감자가 식탁에 오르고 점심, 저녁 심지어
야식으로 감자를 먹는 날도 있다는 것을 알 수 있다.

　그렇다면 감자가 팡카르마 마을에 도입된 것은 언제쯤
이었을까. 마을 주민들 말에 따르면 그리 오래된 일은 아
니었던 것 같다. 대강 50년 전으로 거슬러 올라가는데 당
시의 주식은 주로 옥수수였다고 한다. 하지만 팡카르마
마을은 추위 때문에 옥수수를 재배할 수 없었기 때문에 골

짜기를 내려가 향모 등과 함께 사왔다고 한다.

당시에는 산간 지역에서 생산된 버터 40kg을 카트만두 부근까지 걸어서 나르고 운반료를 받는 것이 몇 안 되는 현금 수입원의 하나였다. 그리고 그 돈으로 옥수수와 향모를 구입해 부족한 식량을 충당했다고 한다. 쌀

천남성의 덩이줄기 가공. 즙이 손에 묻으면 가렵기 때문에 비닐장갑을 끼고 있다.

을 사기도 했지만 워낙 비싸서 장례식 등 특별한 일이 있을 때만 먹었다. 물론 팡카르마 마을에서도 작물을 재배했다. 준베시에서 60년 이상 거주한 펭바 라마 씨에 따르면 당시 팡카르마에서는 밀, 보리, 메밀, 순무, 감자 등을 재배했다고 한다. 그리고 그는 팡카르마에 감자가 들어온 것은 지금으로부터 50여 년 전이라고 했다.

다만 그 감자는 작고 생산성이 낮아서 주식으로는 이용할 수 없었던 듯하다. 실제 팡카르마 마을에 사는 60세가량의 여성은 "옛날에는 밀이나 감자를 수확한 후 이듬해

파종할 분량을 빼면 남는 것이 거의 없었다"고 말했다. 결국 작물 재배만으로는 식량을 충당할 수 없어 산과 들의 들풀을 캐서 이용했다. 그중에서도 야생 토란의 일종인 낭미토와Nangmitowa나 천남성 등을 주로 이용하고 특히 낭미토와를 자주 먹었다고 한다.

낭미토와나 천남성에 대해 간단히 설명하자면, 낭미토와는 일본의 규슈 남부나 오키나와 등지에서 분포하는 류큐 반하의 일종으로 엄지손가락 정도 크기의 덩이줄기를 먹는다. 다만 익혀도 아린 맛이 강하기 때문에 무독화 처리가 필요하다. 천남성도 낭미토와와 같은 토란과 야생종으로 땅속에 커다란 덩이줄기를 형성한다. 하지만 천남성도 독성이 있기 때문에 복잡한 무독화 처리가 필요하다. 그런 이유로 둘 다 지금은 구황작물로 이용된다.

낭미토와나 천남성을 먹지 않게 된 것은 수확량이 높은 감자 품종이 보급되면서부터다. 농업 보급원의 공헌이 컸다는 것은 팡카르마 마을 주변의 밭을 보아도 알 수 있다. 그리고 지금으로부터 20~30년쯤 전부터 감자를 주로 먹게 된 듯하다. 실제 이 무렵부터 감자를 대량으로 저장하게 되었다는 사람도 있다. 우리가 머물던 집에도 10평 이상의 널찍한 방에 감자가 산더미처럼 쌓여 있었는데, 기온이 낮기 때문에 봄까지 매일 감자를 먹을 수 있다고 했다.

감자의 도입이 팡카르마 마을 주민들의 식생활을 크게 바꾼 것은 틀림없어 보인다. 그 덕분에 아린 맛이 강한 야생 덩이줄기를 힘들게 조리해 먹지 않아도 된 것이다. 감자의 영향은 이뿐만이 아니다. 생산성이 높은 품종의 도입으로 부족한 식량을 보충할 수 있게 되었을 뿐 아니라 잉여 수확물을 팔아 현금 수입을 얻을 수 있게 되었다.

실제 준베시 마을에서 조금 내려간 곳에 있는 시장 나야 바자르에서는 감자를 파는 셰르파족의 모습을 자주 볼 수 있다. 또 준베시 계곡 아래 중간 산지에 위치한 오칼둥가와 아열대 저지대에 있는 룸자타에서도 여러 마을의 셰르파족 주민들이 감자를 팔고 있다. 이는 팡카르마 이외의 셰르파족 마을에서도 감자가 대량 재배되었으며, 그중에는 상품 작물로 재배하는 사람들도 출현했음을 말해준다.

셰르파 사회의 식탁 혁명

지금까지 이야기한 내용은 팡카르마 마을 한 곳에서 얻은 자료를 바탕으로 하고 있다. 또 식사 내용에 대해서는 우리가 머물렀던 셰르파 가정 한 곳에서 관찰한 자료가 대부분이다. 과연 이 자료가 셰르파 사회 일반에 어느 정도의 공통점을 갖고 있는지 의문이 들 수 있다.

하지만 앞서 살펴보았듯이 쿰부 지방에서도 감자를 주식으로 이용했다는 것은 인류학자들도 지적한 바 있다. 게다가 쿰부 지방은 감자 재배의 역사가 길지 않음에도 감자 도입에 의해 식량 공급이 안정된 것으로 알려진다. 준베시 계곡에서도 감자의 도입으로 식량 사정이 크게 나아졌다. 지금으로부터 약 20~30년 전의 일이었다고 한다. 이렇게 큰 변화를 가져온 원인은 무엇이었을까. 30여 년 전 준베시 계곡에서는 무슨 일이 일어난 것일까. 지금으로부터 30여 년 전이면 1960년대 후반이다. 그러고 보니 언뜻 떠오르는 것이 있다.

당시 붐을 일으킨 히말라야 등산과 뒤이은 트레킹의 유행이다. 1969년 네팔 정부는 이전까지의 등산 금지 정책을 철회하고 등산을 허가했다. 그러자 많은 등반대들이 봇물 터지듯 히말라야로 몰려왔다. 그중에서도 가장 많은 사람들이 찾은 곳이 세계 최고봉 에베레스트가 있는 솔루쿰부 지방이었다.

시장에서 감자를 파는 셰르파족 여성.

일본 산악회가 에베레스트에 대규모 등반대를 보낸 것도 1970년이었다. 등반 가이드인 셰르파와 포터를 포함해 1,000여 명에 이르는 대부대였다. 그 후에도 에베레스트를 찾는 등반대가 끊이지 않았다. 또 등산이 아닌 트레킹 목적의 관광객도 다수 찾아왔다. 카트만두부터 에베레스트의 베이스캠프로 가는 길은 '에베레스트 가도'라고 불릴 만큼 많은 트레킹족들로 붐비면서 준베시 마을도 그 중계점이 되었다.

이런 대규모 등반대와 수많은 트레킹족의 출현은 셰르파족 주민들의 생활에도 큰 영향을 미쳤을 것이다. 솔루쿰부와 같은 산악 지역에 사는 셰르파 민족은 등반 가이드나 포터로 일하는 것이 현금 수입을 얻는 거의 유일한 수

트레킹족들의 야영지. 왼쪽 뒤로 에베레스트 정상이 보인다.

단이었기 때문이다. 이렇게 번 돈으로 그들은 먼저 소를 구입했다고 한다. 생활에 여유가 생기자 지금까지는 내다 팔았던 송아지를 직접 키워 조금씩 가축 마릿수를 늘렸다. 실제 준베시 계곡에서는 20~30년 전부터 가축 마릿수가 늘었다고 한다.

가축이 늘면서 농업에 꼭 필요한 비료를 공급할 수 있게 되었다. 앞서 말했듯이 가축의 분뇨를 나뭇잎 등과 섞어 퇴비를 만들 수 있기 때문이다. 퇴비 공급이 원활해지자 농작물의 단위면적당 수확량도 높아졌다. 동시에 생산성이 높은 감자 품종도 도입되었다. 그리하여 팡카르마 마을에서도 안정적인 식량 공급 방법을 확보할 수 있었을 것이다.

감자의 비약

지금까지 네팔 히말라야의 솔루쿰부 지방을 중심으로 감자와 인간과의 관계를 살펴보았다. 끝으로 네팔 전체를 살펴보자. 최근 네팔 전역의 감자 재배 면적이 크게 확대되었다. 이는 1970년대에 시작된 네팔의 감자 개발 프로젝트의 영향이 크다. 감자 종자의 질적 개량에 힘쓴 결과, 재배 면적과 이용도 빠르게 확대되었다. 1975년 30만 톤이었던 수확량은 2006년에 197만 톤까지 증가했다. 현재 네팔에서 감자는 벼 다음으로 중요한 작물이 되었다. 1990년과 비교하면 소비량도 배 이상 증가해 1인당 연간 감자 소비량이 51kg에 달한다.

또 앞서 이야기한 솔루쿰부 지방의 해발 3,000~4,000m 고지에서 재배되는 감자와 달리 네팔 남부에는 해발 200m 전후의 저지대에서 감자를 재배하기도 한다. 다만 감자는 냉량한 고지에서 잘 자라기 때문에 해발 2,000~3,000m급 구릉지에서 주로 재배한다. 저지대에서 소비되는 감자 대부분을 이 구릉지에서 공급한다.

참고로 네팔 남쪽에 인접한 인도는 중국, 러시아를 잇는 세계 제3위의 감자 대량 생산국으로 2006년 생산량은

2,400만 톤에 이른다. 인도 역시 그리 오래지 않은 1960 년경부터 감자를 재배했다고 알려진다. 실제 1960년부터 2000년까지 인도의 감자 생산량은 주로 도시부의 수요를 충당할 목적으로 850%나 증가했다. 다만 인도에서도 10 월부터 3월까지의 겨울에 집중적으로 재배한다.

이처럼 인도와 네팔의 감자 재배 면적은 빠르게 확대되고 있다. 뒤에서 이야기하겠지만 이런 경향은 인도와 네 팔뿐 아니라 개발도상국 전체에 공통된 현상이다. 바야흐로 감자는 다양한 편견에서 벗어나 크게 비약하는 시기를 맞고 있다.

제5장
일본인과 감자
- 북쪽 지방의 보존 기술

인력에 의한 감자녹말 가공.
홋카이도 야마코시군 야쿠모 마을. 〈감자녹말에 관한 조사〉 1917년 참고

에도 시대에 전래된 감자

감자의 고향 안데스에서 보면 지구 반대편에 위치한 일본에도 감자는 꽤 이른 시기에 전해졌다. 통설에 따르면 1598년 네덜란드 상선에 의해 자바섬에서 나가사키에 전해졌다'고 하는 한편 1576년이라는 설도 있다. 이것이 사실이라면 감자가 스페인으로 건너간 후 20~30년 사이에 지구 반 바퀴를 돌아 일본에 도달한 것이다. 유럽에서 감자가 작물로 인정받기까지 오랜 세월이 걸린 것을 생각하면 16세기에 일본에 들어왔다고 보기는 어렵다.

뒤에서 이야기하겠지만 에도 시대 후기의 문헌에 이미 감자에 대한 기술이 등장하는 만큼 에도 시대에 감자가 전래된 것은 분명하다. 그렇다면 쇄국령이 선포되어 네덜란드인을 나가사키 데지마에 강제 이주시킨 1641년 이후가 타당한 시기일 것이다. 네덜란드는 1602년 자카타라Jacatra(지금의 자카르타)에 동인도 회사를 설립하고 동양 무역의 거점으로 삼았다. 그들이 네덜란드에서 자카르타를 거쳐 나가사키로 감자를 가져온 것이 아닐까 생각된다.

실제 시대는 조금 뒤처지지만 일본의 난학자蘭学者(네덜란드와 교역을 통해 보급된 서양 학문을 연구한 학자-역주) 오쓰키 겐타쿠大槻玄沢는 자신의 저서 『난원적방蘭畹摘芳』(1831)에서 감자의 그림과 함께 다음과 같이 설명했다(그림 5-1)

  네덜란드 상선을 통해 자카타라에서 나가사키로 전해졌기 때문에 당시에는 자카타라 이모로 불렸다.

  네덜란드 상선에 의해 나가사키에 전해진 자카타라산 감자에 대한 최초의 기록으로 일본어의 자가이모じゃがいも(감자)라는 이름도 자카타라 이모いも(감자, 고구마, 토란 등의 총칭-역주)에서 유래되었음을 알 수 있다. 다만 『나가사키 감자 발달사』를 쓴 쓰키가와 마사오月川雅夫 씨의 조사에 따르면, 에도 시대에는 아직 자가이모라는 호칭은 사용되지 않았으며 많은 이들이 자카타라 이모로 기록하고 있다(표 5-1). 또 이 표에는 자카타라 이모와 함께 마령서馬鈴薯라는 호칭도 자주 나오는데, 마령서라는 이름에 대해서는 여전히 논쟁이 계속되고 있다.

  그 발단은 에도 시대 제일의 본초학자 오노 란잔小野蘭山(1729~1820)이 자카타라 감자와 마령서를 같은 식물로 분류한 일이었다. 1825년에는 앞서 말한 오쓰키 겐타쿠와 구

표 5-1 에도 시대 문헌에 기술된 감자의 호칭[쓰키가와 마사오 1990].

연차	문헌	호칭
1798	〈모가미 도쿠나이 문서 最上德內文書〉	고쇼 이모
1804	소 센슌曽占春『형성도설成形図説』	핫쇼 이모, 가오리 이모
1808	〈나가사키 봉공 관련 문서〉	이모
1808	오노 란잔 『질연소독蕡筵小牘』	마령서, 자카타라 이모, 고슈 이모, 세이다유 이모, 이즈 이모, 조선 이모, 아카 이모
1818	이와사키 쓰네마사岩崎常正 『초목육종草木育種』	마령서, 세우로 이모, 베조 이모, 오란다 이모
1831	오쓰키 겐타쿠 『난원적방蘭畹摘芳』	자카타라 이모, 핫쇼 이모, 가오리 이모, 세이다유 이모, 긴칸 이모, 아르닷푸르, 닷푸라
1832	사토 노부히로佐藤信淵 『초목육부경종법草木六部耕種法』	마령서, 자카타라 이모
1836	다카노 조에이高野長英 『구황이물고救荒二物考』	마령서, 자카타라 이모, 고슈 이모, 앗푸라, 지치부 이모, 세이다유 이모, 핫쇼 이모, 갓넨 이모, 주먀우 이모, 데이조 이모
1850	미야모토 사다아키宮本定正 『가이노테부리甲斐の手振』	세이다유 이모
1854	〈나가사키 봉공소 문서〉	자카타라 이모
1856	이이누마 요쿠사이飯沼慾斎 『초목도설草木図説』	마령서, 자카타라 이모
1861	오카다 아키요시岡田明義 『무수오카다개벽법無水岡田開闢法』	마령서, 오카다 마이
1865	오쓰보 니이치大坪二市 『농구전農具揃』	마령서, 자카타라 이모, 젠다유 이모, 센다 이모, 신슈 이모

리모토 단슈栗本丹州 등이 자카타라 이모와 마령서가 다른 식물이라고 비판했다. 그들의 주장은 '마령서는 마과 식물인 둥근 마로 자카타라 이모와는 다르다'는 것이다.

그 후로도 이 문제에 대해서는 논쟁이 계속되고 있다. 그렇기 때문에 지금도 자카타라 이모에서 유래한 자가이모(감자)와 마령서를 함께 쓰고 있다. 실은 나도 이 책에서 두 호칭을 두고 고민했지만, 일반적으로 감자가 널리 쓰인다고 판단해 인용 부분 이외에는 감자라는 호칭을 쓰기로 했다.

잠시 옆길로 샜지만 어쨌든 감자는 에도 시대 때부터 차츰 일본 각지로 퍼졌다. 1775년 네덜란드 상선의 의사로 일본에 온 툰베리는 나가사키 데지마에 머물렀을 뿐 아니라 에도 참부(에도 시대 여러 지방의 다이묘가 에도에 와서 근무하던 일-역주)에도 동행해 식물을 채집하고 풍속 등을 조사한 후 귀국해 여행기를 저술했다. 그는 나가사키 부근의 감자에 대해 '마령서 재배를 시도했지만 성공하지 못했다'고 썼다.

일본 각지로 전파

나가사키에 들어온 감자는 일본 각지로 퍼져나갔다. 기

홋카이도에서 처음 감자가 재배된 지역(지명은 현재의 지명).

록에 따르면 나가사키 이후 가장 먼저 감자를 재배한 곳은 에조 지방, 지금의 홋카이도이다. 그 최초의 기록은 1706년 5월 세타나 마을(지금의 세타나군 세타나마치)에서 '다카다마쓰의 무관이 해안 건조장에 곡괭이를 사용해 무와 마령서를 심었다'는 것이다. 다만 앞서 말했듯이 마령서가 감자였는지는 의문이 남는다. 더욱 확실한 것은 탐험가 모가미 도쿠나이最上德內가 남긴 기록이다. 그는 1786년 에조 지방으로 건너가면서 감자를 가져가 아부타(지금의 아부타군

아부타초) 마을에서 재배하게 했다. 그리고 1798년 막부의 에조 시찰단의 일원으로 또다시 에조를 찾은 도쿠나이가 곤도 주조近藤重蔵를 통해 자신이 가져와 심게 한 감자에 대해 문자 아부타 마을 주민을 비롯해 통역관이며 경비병들까지 감자를 재배하고 있다는 말을 들었다.

홋카이도의 감자는 러시아에서 전래되었다는 설도 있다. 1789~1800년 무렵 도입된 감자는 에조 이모라고 불렀다. 따라서 혼슈 지방에는 홋카이도와 나가사키를 통해 전파되었을 것으로 보인다.

일본에서는 유럽과 같은 편견은 없었을까. 감자에 독이 있다는 소문은 있었지만 감자가 도입되기 전부터 일본에는 마, 토란 등 덩이줄기를 이용하는 식물이 있었기 때문에 감자를 쉽게 받아들였던 듯하다. 또 '성서에 나오지 않는 작물'이라는 등의 종교적 편견도 없었다. 게다가 에도 시대에는 감자가 정착할 만한 배경이 있었다. 유럽과 마찬가지로 당시 일본에도 기근이 끊이지 않았던 것이다.

에도 시대에는 1640~1644년의 간에이寬永 기근, 1732년의 교호享保 기근, 1782~1787년의 덴메이天明 기근, 1832~1836년의 덴포天保 기근의 4대 기근 외에도 수차례

기근이 발생했다. 특히 도호쿠 지방에서는 1755년의 호레키宝暦 기근 외에도 냉해 피해가 끊이지 않았다. 이런 상황에서 난학자 다카노 조에이는 『구황이물고救荒二物考』를 저술해 감자 재배를 권장했다(그림 5-2). 구황이물고의 이물二物이란, 기후가 좋지 않을 때도 잘 자라는 메밀과 폭풍우에 강하고 재배도 쉬운 감자를 가리킨다. 그에 대해 조에이는 다음과 같이 기술했다. 다소 길지만 당시의 상황을 이해하는 귀중한 자료이므로 인용하고자 한다.

올해 8월 중순, 나는 고즈케노쿠니上野国 사와와타리(지금의 군마현 오가쓰마군 나카노조마치 사완도 온천)에 사는 후쿠다 소테이福田宗禎를 만났다. 가문 대대로 외과의를 지낸 그는 의술에 매우 정통하며, 네덜란드의 의학서를 통해 서양 의술까지 연구하고 있다. 그와는 전부터 친분을 맺고 있었다. 이야기꽃을 피우던 어느 날 저녁, 후쿠다는 내게 메밀 한 줌을 내밀며 이렇게 말했다. '흉년에 사람들이 목숨을 잃는 이유는 대개 식량 부족 때문이다. 그런 식량 부족의 원인은 한 해에 여러 번 수확할 수 있는 작물이 없기 때문이다. 이 메밀은 한 해에 세 번 수확할 수 있으니 그

야말로 사람의 목숨을 구할 크나큰 보물이 아니겠는가!'
나는 놀라고 감사하며 대답했다. '저 멀리 북쪽 지방에서
곡류를 고를 때는 조숙 작물을 고른다고 한다. 이것을 따
뜻한 땅에 심으면 한 해에 두세 번은 알곡이 무르익을 것
이다. 나는 이 종자를 일본에 심어 더 많은 식량을 생산하
고 굶주리는 사람들을 구할 것이다. 오래전부터 이것을
구하기 위해 애썼는데 비로소 이렇게 얻게 되었다. 이것
은 당신이 내게 준 선물이지만 실로 하늘이 내려준 선물
로 여기고 고맙게 받겠다.'

그 후 같은 고즈케노쿠니 이세마치의 야나기타 데이조
柳田鼎藏라는 사람이 내게 감자 종자를 보냈다. 형태는 도
코로마(맛과의 여러해살이 덩굴 풀)나 토란아(콩과의 여러해살이풀)
와 비슷하다. 흔히 자가이모라고 불리며 네덜란드어로는
'아르드아플Aardappel'이다. 구워 먹으면 마처럼 담백하고,
고구마처럼 단맛이 난다. 깊은 맛과 찰기가 있으며, 독이
없어 평소 식사로도 충분히 통용될 만하다. 네덜란드에
서도 주식으로 이용하는 곳이 있다. 게다가 고구마와 같
이 추위에 약하지 않다. 추운 지방이든 더운 지방이든 척
박하고 메마른 땅에서도 줄기 하나에서 수십 개의 감자를

수확할 수 있다.

나는 이 두 종류의 작물을 얻고 더없이 기뻤다. 흉년에 굶어 죽는 사람들의 목숨을 구하고 그 후에 발생하는 역병을 막는 데 이 이상 좋은 것이 없다. 이 두 작물을 전국에 퍼뜨리기 위해 은밀히 지인들과 의논했다. 모두 기꺼이 찬성하며 '기근에 쌀 창고를 열어도 마을 한 곳을 구제하는 데 그칠 뿐이다. 이 계획은 널리 전국에 이르고 후세에 남을 커다란 공덕이다. 절대 연기되거나 중지되어선 안 될 것이다'라고 말했다.

조에이는 메밀과 감자의 재배 방법과 조리 및 저장 방법도 소개했다. 특히 감자에 대해서는 제분 방법은 물론 소주를 만드는 방법까지 기술했다. 한편 조에이는『구황이물고』를 저술한 2년 후『유메모노가타리夢物語』라는 저작을 통해 에도 막부를 비판한 혐의로『구황이물고』의 삽화를 그린 와타나베 가잔渡辺崋山과 함께 체포되어 무기 금고형을 받았다. 후에 탈옥을 시도하지만 군졸에 사로잡혀 자결로 생을 마감했다.

이런 노력 덕분에 감자는 에도 시대 중반부터 후기에 걸

그림 5-2 다카노 조에이와 『구황이물고救荒二物考』

쳐 일본 각지에서 재배되었다. 다만 같은 아메리카 대륙 원산의 고구마가 서일본에 주로 보급된 것과 달리 감자는 동일본을 중심으로 보급되었다. 고구마가 따뜻한 지역에서 잘 자라고 가뭄과 풍해에 강한 데 비해 감자는 한랭한 지역에 적합했기 때문일 것이다.

실제 홋카이도 이외에는 히다(대개는 기후현), 가이(야마나시현), 고즈케(군마현), 우고(아키타현), 리쿠젠(미야기현) 등 간토関東에서 도호쿠東北에 걸친 지역에서 비교적 일찍부터 감자 재배가 시작되었다고 알려진다.

예컨대 가이 지방에서는 18세기 후반 나카이 세이다유中井清太夫라는 관리가 감자 보급에 힘썼다. 나카이 세이다유는 도쿠가와 막부의 직속 가신이었다. 1774년 고후 가미이다의 지방관으로 부임해 13년간 고후·다니무라의 지방관을 지냈다. 재임 기간 동안 농민을 위한 적극적인 행정을 추진한 그는 마을 주민들로부터 신으로 추앙받을 정도였다. 그의 공적 중 하나가 감자 보급이었다. 그는 덴메이 기근 당시 막부에 진정해 규슈에서 감자 종자를 구해 가이 지방 9개 마을에서 감자를 재배하도록 해 구황 음식으로 삼았다. 그 후 여러 마을에 보급되어 대용식으로 널리 쓰이게 되었다. 그의 공적을 기려 가이 지방에서는 감자를 세이다유 이모, 세이다이 이모, 세이다 이모 등으로 불렀다.

참고로 『도쿠가와실기德川実記』의 1784년 4월의 기록에는 덴메이 기근 당시 굶주린 마을 주민들에 대해 다음과 같이 묘사했다.

지난가을(덴메이 3년, 1783년)부터 올봄에 걸친 전국적인 흉작으로 쌀은 바닥나고 쌀값은 나날이 치솟아 굶주림을 면할 길 없는 하층민들은 처자식을 버리고 도망가거나 강물에 몸을 던졌다. 당초에는 에도에 비축한 곡식을 풀어 구제했지만 운송이 더뎌 나중에는 초근목피로 근근이 연명했다고 한다.

덴메이 기근이 발생한 수십 년 후인 덴포 연간(1831~1845)
에는 가이 지방 전역에서 감자 재배가 왕성했던 것으로 보
인다.

이곳의 한랭한 기후는 한여름 삼복 철에도 여전해 최대
한 옷을 잔뜩 껴입는 것이 제일이다. 아침저녁으로 화로에
불을 지펴 추위를 녹이고 여름에도 거르지 않는다. (중략)
쓰쿠 이모, 산마가 있고, 세이다유라고 하는 감자도 많다.
꽃은 수선화와 비슷하고, 잎은 들국화처럼 생겼다. 감자의
형태는 둥글거나 울퉁불퉁한 모양도 있다. 맛은 밤과 같고
구워 먹으면 더욱 맛있다.

이것은 덴포 원년(1830) 부슈 지방의 간운 로진寬雲老人이
고슈 분지를 여행하며 쓴 기행문『쓰쿠이 일기津久井日記』
의 한 대목이다.

홋카이도의 감자녹말 붐
이처럼 에도 시대 후반에는 홋카이도와 도호쿠 지방을

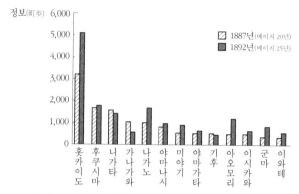

그림 5-3 도도부현별 감자 재배 면적(상위 13개 도현만을 표시).
[쓰키카와 1990] 인용

중심으로 일본 각지에서 감자를 재배하게 되었다. 하지만 단편적인 기록뿐이라 지역이나 재배 규모는 자세히 알려지지 않았다. 그러다 메이지 시대(1868~1912)가 되면 꽤 자세한 정황을 확인할 수 있다.

먼저 그림 5-3을 살펴보자. 메이지 중기의 도도부현都道府県별 감자 재배 면적 중 상위 13개 도와 현을 나타낸 도표이다. 도표를 보면 홋카이도를 비롯한 도호쿠와 신슈 지방의 감자 재배 면적이 큰 것을 알 수 있다. 특히 홋카이도는 다른 지역을 압도할 정도이다. 또한 아오모리는 5년 새 재배 면적이 2배 이상 급증했다. 여기서는 홋카이도와 아오모리에 초점을 맞춰 감자와 인간의 관계에 대해 살펴보자.

먼저 홋카이도는 메이지 유신 이후 본격적으로 개발되었다. 일찍이 1871년 개척차관 구로다 기요타카黑田淸隆가 미국의 호러스 케이프런Horace Capron을 개척 지도자로 초빙하는 동시에 신품종 감자를 가져와 홋카이도에서 재배하게 했다. 참고로 구로다 기요타카는 윌리엄 S. 클라크William S. Clark 박사가 초대 교감을 지낸 삿포로농학교를 설립하고, 홋카이도 경비와 개척을 위한 둔전병屯田兵 제도 등의 적극적인 정책을 전개한 인물이다. 그런 노력 덕분인지 메이지 원년인 1868년의 감자 수출량은 8만5,294근(1근은 600g에 해당한다), 이듬해에는 12만560근이었으나 1873년이 되자 주로 홋카이도 개척 정책의 성과로 97만4,910근까지 급증했다.

그 후로도 홋카이도의 감자 재배는 계속 확대되어 1887년 약 3,000정보町步였던 감자 재배 면적은 5년 후인 1892년에는 5,000정보로 늘었다. 또 1907년에는 하코다테 근교에 농장을 소유한 가와다 료키치川田龍吉 남작이 미국에서 씨감자를 가져왔다. 그중 '아이리시 코블러Irish Cobbler'

라는 조숙 다수성 품종이 홋카이도의 풍토에 적합했다. 이 품종은 홋카이도 전역으로 퍼지고 이내 일본 각지로 전파되었다. 현재 일본에서 가장 널리 재배되고 있는 '남작 감자'이다.

당시에는 감자를 주로 소금을 넣고 쪄 먹었던 것 같다. 또 찐 감자를 으깨 경단을 빚거나 화롯불에 통째로 구워 먹기도 했다. 이렇게 직접 소비하는 동안은 문제가 없었지만 생산량이 늘고 상품화하게 되자 문제가 발생했다.

수분을 다량 함유한 감자의 특성상 무겁고 운반이 불편하다는 점 때문이었다. 게다가 쉽게 썩고 싹이 나는 것도 문제였다. 그런 이유로 홋카이도에서는 감자녹말을 만들기 시작했다. 감자녹말은 입자가 크고 비중이 무겁기 때문에 물에 가라앉는 간단한 원리를 이용해 만들었다. 그렇기 때문에 비교적 이른 시기인 1878년 개척사가 감자녹말 생산을 시도했다. 당초에는 직접 소비 목적인 자급적 성격이 강했지만 국내 수요의 증가와 함께 환금 목적의 기업적 경영이 시작되었다.

감자녹말 생산이 본격화된 계기는 청일전쟁 이후 발전한 섬유산업이었다. 방적용 풀로 쓰이는 감자녹말의 수요

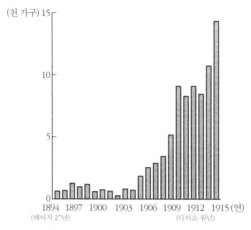

(천 가구) 15

10

5

0

1894　1897　1900　1903　1906　1909　1912　1915 (연)

(메이지 27년)　　　　　　　　　　　　　　　　(다이쇼 원년)

그림 5-4 감자녹말 제조 가구 수.[홋카이도 도청 내무부 1917] 인용

가 증가한 것이다. 그 결과, 1897년 이후 홋카이도 각지
에 많은 녹말 공장이 세워졌다. 여기에 박차를 가한 것이
1914년 발발한 제1차 세계대전이었다. 당시 네덜란드와
독일에서 감자녹말을 수입하던 영국과 프랑스에 대신 수
출하게 된 것이다. 그 때문에 1912년 당시 한 상자에 5엔
이었던 녹말 가격은 1915년 15엔으로 급등하고, 7년 후인
1918년에는 최고치인 17엔 90전까지 치솟으면서 이른바
'감자녹말 붐', '감자녹말 경기'가 찾아왔다. 감자녹말을 생
산하는 공장도 급증했다. 1912년 1만 곳이 되지 않던 공

장 수가 1915년에는 1만4,000(그림 5-4), 전성기인 1918년에는 2만 곳 가까이 늘었다. 그에 따라 감자의 경작 면적도 대폭 확대되었다.

그런데 이 공장 수에 대해서는 해석이 필요하다. 예컨대 1916년의 공장 수를 동력원별로 살펴보면 '인력'에 의한 제조가 1만2,981, '수차'가 1,271, '마력馬力'이 490, '발전기'가 83, '증기력'이 31, '전력'이 7곳이다. 인력에 의한 제조가 가장 많은 1만3,000여 곳에 이르는데 이런 곳은 주로 자가 제조가 많으며, 판매를 목적으로 제조하는 곳은 100곳이 채 되지 않는다. 따라서 자가 제조가 압도적으로 많았다는 것을 알 수 있다. 그만큼 실질적인 공장이라고 할 수 있는 것은 1,882곳(12.7%)뿐이었다.

감자녹말 생산에는 동력원이 다를 뿐 기본적인 제조 방법은 같다. 그림 5-5에 나타난 감자녹말 제조 공정의 흐름은 인력이든 발동기든 마찬가지이다. 여기서 잠시 감자녹말 제조 기술을 연구한 나카하라 다메오中原為雄 씨의 보고를 통해 각 공정에 대해 간단히 설명하고자 한다. '마쇄磨碎'는 마쇄기로 감자를 갈아서 부수는 것이다. '여과'는 녹말립과 지게미를 걸러 분리하는 과정이다. '침전'은 녹

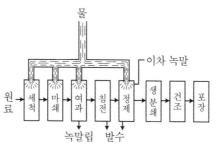

그림 5-5 감자녹말 제조 공정[나카하라 1986]

말과 불순물을 분리하는 것. '정제'는 녹말을 가라앉혀 처음 거른 양질의 녹말과 순도가 낮은 이차 녹말을 분리하는 것. '생 분쇄'는 정제 후 물을 빼내 덩이진 생가루(수분을 약 50% 함유)를 건조실에 넣고 건조 효과를 높이기 위해 콩알 크기로 부수는 과정이다. 그다음으로 '건조' 공정을 거쳐 수분 18~20%의 말분 녹말(제분하지 않은 전분)을 얻는다. 이것을 제분 공장으로 보내 가루로 만든다.

이처럼 홋카이도를 휩쓴 녹말가루 붐은 제1차 세계대전의 종전과 함께 막을 내렸다. 감자녹말 가격은 절반 이하로 떨어지고 도산하는 사람이 줄을 이었다. 감자녹말 공장도 대부분 모습을 감추었다.

그 후 홋카이도에 제2차 녹말가루 붐이 찾아왔다. 제2

(왼쪽)감자 세척 작업. 홋카이도 사라시나군 사라시나마치 가노 녹말 공장
에서.
(오른쪽)재래 공장의 감자녹말 건조 작업. 홋카이도 샤리군 샤리마치 히라
오카 녹말 공장.

차 세계대전 말기부터 1949년 무렵이다. 당시의 부족한
식량을 보충해줄 식품이자 부족한 감미 식품의 원료로서
감자녹말의 수요가 급증한 것이다. 당시 1봉에 1,300엔
내외였던 감자녹말의 암시세가 3,000엔까지 치솟았다. 감
자 생산자들은 또다시 녹말 공장 설비의 개량 및 확장을
통해 생산량을 늘렸다. 홋카이도 시레토코 지방 샤리마치
에서 감자녹말 공장을 경영하다 2007년 83세를 일기로 세
상을 떠난 히라오카 히데마쓰平岡英松 씨에게 당시의 상황
에 대해 물은 적이 있었다. 많은 물이 필요한 녹말 가공의
특성상 샤리 강가에 난립한 녹말 공장의 모습은 그야말로

장관이었다고 한다. 하지만 대규모 공장이 들어서면서 영세한 재래 공장들은 대부분 자취를 감추게 되었다.

아오모리현으로 전파

홋카이도 남쪽에 위치한 아오모리에 감자 재배가 전파되기까지는 상당한 시간이 걸렸다. 당시 상황을 말해주는 기록이 남아 있다. 1885년 6월 시모기타의 군수는 각 마을에 장려한 감자 재배 상황을 시찰하고 이를 『시모기타 반도사』에 다음과 같이 기록했다.

와키노사와脇野沢 마을 조금씩 재배한다.

오자와小沢 마을 와키노사와와 비슷한 정도.

가키자키蠣崎 마을 조금씩 재배하며, 아이들 간식으로 이용하는 정도.

슈쿠노베宿野部 마을 전혀 재배하지 않는다.

히카와檜川 마을 조금씩 재배한다.

가와우치川内 마을 마령서 도난으로 재배하지 않는다.

조카사와城ヶ沢 마을 극소수 재배한다.

오타키大滝 마을 조카사와와 비슷한 정도.

오히라大平 마을 조금씩 재배하며, 아이들 간식으로 이용하는 정도.

이처럼 당시 시모기타반도에서는 감자를 재배하는 곳이 거의 없었다. 하지만 1890년에는 널리 전파되어 '농어촌 모두 마령서를 점심 대용식으로 이용했다'고 한다.

한편 1892년에 나온 고바야시 도시오小林壽郎의 『권농업서 마령서』에도 흥미로운 기록이 있다. 옛 도나미斗南번의 무사였던 고바야시가 종마를 구입하기 위해 미국으로 건너갔을 당시의 견문록이 이 책의 머리말에 기록되어 있다. 그는 '타국의 농업 실태를 직접 보고 크게 감탄했다'고 말하는 동시에 '높은 생활수준은 실로 대단했다'며 미국의 발전상에 놀라움을 나타냈다. 또 '그들은 주식으로 보리와 마령서를 먹었다'며 감자 보급을 권장했다.

그리고 아오모리에 대해서는 다음과 같이 말했다.

1877년경 처음 도입되어 재배했지만 수확량이 극히 적었다. 1884년 흉년이 들어 주민들의 양식이 바닥났다는 보

아오모리현 개략도

고를 받았다. (중략) 지방을 순회하던 중 굶주린 주민들이
초근목피로 연명하는 참상을 목격했다. 이듬해 봄, 군수 고
바야시 시게토시小林歳重는 군 의회의 평결을 거쳐 조숙종
백수십 개를 청해 각 마을에 배포하고 재배를 권유했다.

이어서 감자의 품종, 감자 재배에 적합한 토양 및 기후,
비료, 병충해, 조리법 등에 대해 자세히 소개했다. 특히 조
리법에 대해서는 많은 분량을 할애해 20여 가지 요리법은
물론 술, 간장, 된장, 감자녹말 등의 제조법까지 기술했다.

그중 감자녹말은 '녹말 제조기계'의 그림까지 그려가며 제조법을 자세히 소개했다. 수분이 많아 쉽게 썩는 감자의 단점을 극복하기 위한 궁리였을 것이다.

간나카케 감자와 얼린 감자

참고로, 이 '녹말 제조기계'는 쇼와(1926~1989) 초기 무렵까지 시모기타반도 전역에서 널리 사용되었다. 현지에서 들은 정보에 따르면 이 '녹말 제조기계'는 간나카케カンナカケ라고 불렸으며, 이 기계로 만든 감자녹말은 간나카케 감자라고 부르며 흉작 때 소중한 보존 식품이 되었다. 그래서 겨우내 먹을 감자를 빼고 남은 것은 모두 간나카케 감자로 만들었을 정도였다. 지금은 그 기술을 아는 사람이 거의 남아 있지 않다. 하지만 최근 간나카케 감자를 부활시키려는 움직임이 일면서 나도 제조 도구와 방법에 대해 알 수 있었다. 참고삼아 내가 관찰한 내용을 소개하기로 한다.

간나카케는 목공 도구인 간나カンナ(대패)의 쇠날 3장을 박아 넣은 나무판 위에 감자를 담은 상자를 앞뒤로 밀어가

며 얇게 저미는 도구이다. 앞서 말한『권농업서 마령서』에 그려진 그림에는 감자를 가는 밀대가 달려 있는데 이것을 개량해 대팻날을 꽂은 것이다. 감자는 대패로 밀기 전 먼저 깨끗이 씻어 물기를 없앤다. 대패로 얇게 저민 감자는 나무통에 넣고 물을 부어 녹

간나카케로 감자를 얇게 저민다. 아오모리현 무쓰시 오하타마치.

말을 씻어낸다. 하루에 두 번 정도 물을 갈아가며 붉은 물이 나오지 않을 때까지 2~3일 물에 담가 5~6시간 침전시킨다. 윗물은 전부 버리고 가라앉은 녹말을 꺼내 말린다. 저민 감자도 나무통에 넣고 붉은 물이 나오지 않을 때까지 물에 담근다. 그런 다음 탈수기로 물기를 빼 햇볕이나 건조기에 충분히 말린다. 이런 감자를 간나카케 감자라고 하며, 상태만 좋으면 수십 년간 저장도 가능하다. 감자는 삶아서 먹기도 했지만 이렇게 녹말을 걸러 경단이나 떡을 만들어 먹기도 하는 등 언제든 먹을 수 있도록 보존해두었

던 것이다.

아오모리에는 흥미로운 감자 보존식품이 한 가지 더 있다. 다름 아닌 얼린 감자이다. 얼린 감자는 아오모리의 풍토를 반영해주는 식품이다. 가공 방법은 먼저, 가장 추운 대한大寒 무렵 감자를 노지에 내놓는다. 감자는 이리저리 뒤집어 완전히

저장 중인 얼린 감자. 아오모리현 하치노헤시.

얼린다. 꽁꽁 언 감자를 따뜻한 물에 담가 껍질을 벗긴 후 흐르는 강물에 2~3일 담근다. 그런 다음 감자를 하나하나 꼬챙이에 꿴다. 감자를 꿸 때는 일일이 매듭을 지어 감자가 서로 달라붙지 않게 만들고 충분히 말린다. 그 상태로 일주일가량 흐르는 물에 담근다. 물에 담가 떫은맛을 뺀 감자는 비바람이 들지 않는 실외에서 꽁꽁 언 상태로 3개월 남짓 방치한다. 끝으로 처마 따위의 바람이 잘 통하는 장소에 매달아 한 달 정도 자연 건조시킨다. 이것이 얼린 감자라고 불리는 저장 식품이다. 지금으로부터 60년쯤 전

의 전성기에는 오이라세강 등에서 강물에 감자를 담그는 사람들이 끊이지 않았을 정도였다고 한다.

어쨌든 메이지 시대 후반부터 다이쇼 초기에 걸친 『아오모리현 향토지』에 '주요 밭작물은 마령서'라는 기록이 있을 만큼 감자는 아오모리에 널리 전파되었다.

문명개화와 감자

이처럼 홋카이도와 아오모리에서는 감자가 꽤 이른 시기부터 일상적인 식품으로 정착했지만 일본 전체로 보면 여전히 일부 지방에 한정되어 있었다. 그리하여 1892년에는 앞서 소개한 다카노 조에이의 『구황이물고』를 복각해 다시 한 번 감자 보급에 나섰다. 일본 각지의 일반 가정에서 감자 요리가 등장한 것은 메이지 시대(1868~1912) 후반부터였다. 가령 1905년에 간행된 『가정화양요리법家庭和洋料理法』에는 감자에 대해 다음과 같이 쓰여 있다(그림 5-6).

마령서 요리는 핫쇼 이모 혹은 고슈 이모라고도 불리는 저렴한 식재료로 사계절 이용할 수 있다. 영양가가 높고

그림 5-6 1905년에 출간된
『가정화양요리법』. 감자에
대한 기록이 남아 있다.

조리도 쉬운 이 식재료의 특별한 풍미를 아는 사람이 드물다. 조리법을 모르기 때문이다.

당시의 요리 책에는 감자의 풍미와 조리법을 아는 사람이 드물다고 쓰어 있다. 어쩌면 담백한 감자의 맛 때문에 그대로 먹기 어렵고, 일본 요리에 어울리지 않는다고 생각했는지 모른다. 그렇다면 메이지 초기에 들어왔다고 알려진 카레라이스에도 감자를 넣지 않았을까. 1872년에 출간된 『서양요리지남西洋料理指南』이라는 책을 살펴보자. 여기에 일본 최초의 카레 요리법이 실려 있기 때문이다.

'카레'를 만드는 방법은 양파 한 개, 생강 반 개, 다진 마늘 조금을 버터 한 스푼을 넣고 볶다가 물 한 컵을 더해 닭, 새우, 도미, 굴, 송장개구리 등을 넣고 끓인 후 '카레' 가루 한 작은술을 넣고 졸인다. 한 시간 남짓 끓이다 소금

간을 하고 밀가루 두 큰술을 물에 풀어 넣는다.

즉, 당시에는 카레에 고기 대신 생선, 새우, 개구리까지 넣었지만 감자는 넣지 않았다. 또 채소는 양파나 생강을 향신료로 이용하는 데 그쳤다. 이는 1886년과 1893년의 『부녀잡지婦女雜誌』에 소개된 카레라이스 조리법도 마찬가지였다. 감자가 등장한 것은 1898년 출간된 『일용백과전집日用百科全集』이었다.

냄비에 잘게 썬 고기와 고기가 잠길 정도의 물을 넣고 20분간 끓이다 양파를 넣어 충분히 끓인다. 다음으로 감자를 넣는다. 감자가 익으면 카레 가루, 소금, 후추, 고추를 넣고 소량의 밀가루를 물에 풀어….

1903년에는 카레 가루가 발매되면서 카레라이스가 빠르게 퍼졌다. 문명개화와 함께 육식이 보급된 것도 빼놓을 수 없는 요인이다. 감자는 고기와 함께 조리했을 때 비로소 그 담백한 맛이 충분히 살아나기 때문이다. 그 대표적인 요리가 '니쿠자가肉じゃが(고기와 감자, 각종 채소를 넣고 간장, 설탕, 미림에 조린 음식-역주)'일 것이다. 니쿠자가도 메이지

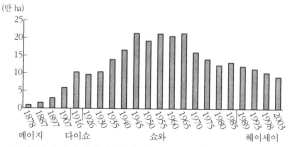

(만 ha)

메이지　다이쇼　쇼와　헤이세이

그림 5-7 일본의 감자 생산량 추이(경작 면적). 농림수산성 통계 인용

시대에 널리 전파되었다.

다이쇼 시대(1912~1926)에는 또 다른 대표적인 감자 요리가
등장했다. 바로 크로켓이다. 당시에는 '오늘도 크로켓, 내일
도 크로켓'이라는 가사의 '크로켓 송'이 유행하기도 했다.

크로켓은 다진 소고기와 삶아서 으깬 감자를 섞어 둥글
게 모양을 낸 뒤 빵가루를 입혀 기름에 튀기는 것인데, 소
고기보다 감자가 더 많이 들어갔기 때문에 감자 크로켓이
라고 불렸다. 한편 1920년에 출간된 『마령서 요리馬鈴薯の
お料理』에는 일본과 서양의 감자 요리가 144종이나 소개되
어 있다. 이것은 감자가 널리 보급되고 다양한 요리에 쓰
였다는 것을 말해준다.

1903년 27만 톤 정도였던 감자의 연간 생산량은 1905

년 44만 톤, 1907년 55만 톤으로 5년도 채 되기 전에 2배 가까이 늘었다. 이어지는 다이쇼 시대 초기에는 70만 톤, 1915년 96만 톤, 1916년 100만 톤, 1919년에는 180만 톤에 달했다.

전쟁과 감자

　일본의 감자 생산량은 쇼와 시대(1926~1989) 초반부터 10년 남짓 큰 변동이 없지만 1940년경부터 급증해 1960년에는 정점에 이르렀으며, 그 생산량은 450만 톤에 달했다. 경작 면적으로 따지면 1943년 처음 20만ha를 넘어 1949년에는 약 23만5,000ha에 달했다(그림 5-7). 그 후로는 점차 줄어든다. 이런 경작 면적의 증감은 무엇을 말해주는 것일까. 그것은 전쟁의 영향이었다.

　1937년 중일전쟁에 돌입한 일본은 끝내 태평양전쟁을 일으켰다. 그런 상황에서 1939년 식량 증산 계획이 시작되었다. 행정 당국은 쌀, 보리, 감자, 고구마 등의 생산 목표를 설정하고 증산 운동을 전개했다. 하지만 1943년의 목표 달성률은 쌀 88%, 밀가루 74%, 고구마 69%, 감자

오사카·후세 시청에서 감자를 배급하는 모습. 1946년 7월 6일 촬영(마이니치 신문사 제공)

70%에 불과했다. 노동력 부족뿐 아니라 비료, 사료, 농기구 등 모든 생산 자재가 부족했기 때문이다.

게다가 1943년에는 전황의 악화와 운송 단절로 식량 위기가 더욱 심각해졌다. 일본 국내의 쌀 생산량도 1941년의 흉작을 제외하면 1943년까지 6,000만 석(1석은 10말, 약 180ℓ)대를 유지했지만 1944년에는 5,000만 석대로 떨어져 패전한 1945년에는 3,900만 석으로 급락했다. 국민들은 '절미節米'를 강요당했다. 쌀을 최대한 아껴 먹자는 것이었다. 그 결과, 1940년에는 국민 정신 총동원 운동의 일환으로 '절미 운동'이 시작되고 일주일에 하루는 '절미일'로 정해졌다.

이런 시기에 큰 힘을 발휘한 것이 감자, 고구마 등의 감자류였다. 둘 다 쌀의 대용식으로 밥에 섞어 쌀의 양을 줄

일 수 있었다. 또 감자와 고구마는 재배가 쉽고 단위면적
당 수확량이 높아 종종 중량이 곡류의 2~6배에 이르렀다.
1945년 1월 마이니치신문은 당시의 후쿠다 농림성 대신
이 중의원 농림중금법위원회에서 식량 사정을 설명하고
'금년에는 쌀과 보리의 증산은 물론 감자류 증산에 최대한
힘을 쏟을 방침'이라는 발표를 전했다. 그리고 같은 날 각
료회의에서는 '감자류 증산대책 요강'을 내놓고 고구마 27
억 관(1관은 3.75kg), 감자 8억5,000만 관을 목표로 노동력,
자재, 저장 설비를 우선적으로 확보할 것을 결정했다.

공터, 공원, 학교 교정 등이 감자밭으로 바뀌었다. 당시
의 상황은 나도 어렴풋이 기억하고 있다. 교토 시내에 있
던 우리 집에서도 뒤뜰을 허물어 감자를 심었기 때문이
다. 그 감자를 쪄서 소금만 찍어 먹었는데도 굉장히 맛있
었던 기억이 남아 있다.

하지만 나보다 10년쯤 위인 1935년 전후에 태어난 사람
들은 감자류에 대해 다른 감정을 가지고 있는 듯하다. 감
자 따위로 근근이 연명하며 살아남은 경험 때문인지 감자
를 싫어하는 사람이 적지 않다. 제2장에서도 말했지만 감
자가 안데스 문명에 기여한 공로를 중시하는 내 견해를 강

하게 비판하는 선배 연구자들도 있다. '감자 따위로 문명
이 탄생하다니, 전후 대용식만 생각해도 감자, 고구마 같
은 것으로는 힘을 쓸 수 없다'고 말한다.

하지만 감자류에 대한 호불호와는 별개로, 냉정하게 감
자류의 역할을 평가해야 할 것이다. 제3장에서 말했듯이
유럽에서도 감자는 전쟁과 기근 때 크게 공헌했다. 이런
사실은 감자 재배가 비교적 쉽고 생산성이 높다는 것을 말
해준다. 그렇기 때문에 세계를 둘러보면 감자를 주식으로
삼고 그 감자 재배에 생존을 건 민족도 있다. 바로 다음 장
에서 살펴볼 중앙 안데스 고지의 선주민들이다.

제6장
전통과 근대화의 갈림길
- 잉카의 후예와 감자

안데스 고지(해발 약 4,000m)의 감자 수확.
페루 쿠스코현 마르카파타 마을.

잉카의 후예

페루 안데스의 고지 특히 해발 4,000m 전후의 고지대에는 일반 페루인과 다른 차림새를 한 사람들을 볼 수 있다. 남녀 모두 모자를 쓰고 향토색이 풍부한 민족의상을 걸쳤으며, 발에는 오호타Ojota라고 하는 낡은 타이어로 만든 샌들을 신고 있다. 그리고 서로 이야기할 때는 오직 케추아어를 쓴다. 그들은 잉카제국을 건설한 사람들의 자손, 흔히 잉카의 후예로 알려진 케추아족이다. 또한 그들은 감자를 재배화한 사람들의 자손이기도 하다.

잘 알다시피 제2장에서 이야기한 잉카제국은 16세기 초 스페인인들에 의해 정복당했다. 그 후로도 선주민들에 대한 스페인인의 압제와 학대는 계속되었는데, 그런 상황에서 끝까지 버텨 살아남은 사람들이 있다. 오늘날 페루 고지를 중심으로 한 중앙 안데스에서 살아가는 케추아 민족이다. 그들 중에는 잉카 시대 혹은 그 이전부터 이어져온 전통적인 색채가 짙은 농경 생활을 하고 있는 사람들도 있다.

잉카 시대는 지금으로부터 약 500년도 더 전의 시기이다. 그만큼 오랜 시대에 이루어진 농업의 전통이 오늘날까지 이어지고 있는 것이다. 물론 잉카 시대의 농업이 그

인디오라고 불리는 선주민 가족과 그들의 집.

대로 이루어지고 있는 것은 아니다. 16세기에 시작된 스페인인의 침략이 농업에도 크게 영향을 미쳤다. 예컨대 스페인인들은 유럽에서 수많은 새로운 작물과 가축을 들여왔다. 또 축력을 이용할 줄 몰랐던 안데스에 소가 끄는 가래 등도 도입했다.

그럼에도 중앙 안데스의 고지대에서는 여전히 전통적인 색채가 짙은 농업이 이루어지고 있다. 가령 중앙 안데스 고지에서 재배되는 작물은 대부분 안데스 원산이며, 가축도 마찬가지이다. 또 농사를 지을 때 주로 쓰는 농기구도 잉카 시대에 쓰던 것과 거의 다르지 않은 족답식 가래를 사용하는 지역이 많다. 재배 기술과 방법에도 안데스의 전통적인 방식이 남아 있다. 그리고 이런 농업 전통을 바탕으로 자급자족적인 생활을 하고 있는 농민이 적지 않다.

고도차를 이용한 생활 방식

1978년부터 1987년까지 다 합치면 2년 남짓한 기간 동안 민족학 조사를 위해 머물렀던 페루 남부 고지의 농촌도 잉카 시대의 전통을 이어가고 있는 지역이었다. 그들의 중심 농업은 감자 재배로, 식생활에서도 감자를 빼놓을 수 없을 정도였다. 여기서는 이곳 농민들에 초점을 맞추고 감자를 재배화한 사람들의 자손과 그들의 생활상에 대해 살펴보기로 한다. 거기에는 전통과 근대화 사이에서 격동하는 농민의 현실이 있다.

조사지는 페루 남부 과거 잉카제국의 중심이었던 쿠스코 지방의 마르카파타Marcapata 마을이다. 이 마을은 안데스 동쪽 경사면에 위치하며, 면적은 대략 1,700㎢에 이른다. 마을의 가장 낮은 지대는 해발 1,000m, 가장 높은 곳은 해발 약 5,000m에 달한다. 그 안에는 열대우림, 운무림, 고산 초지, 빙설 지대 등의 다양한 기후 환경이 나타난다.

이 마을에는 5,000명 남짓한 주민들이 사는데, 대부분

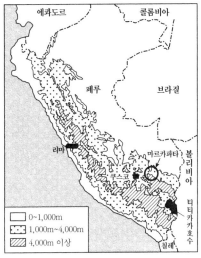

마르카파타 마을의 위치.

잉카제국의 공용어였던 케추아어를 모국어로 사용하는 인디오라고 불리는 선주민들이다. 일부 미스티라고 불리는 메스티소Mestizo(스페인인과 인디오의 혼혈 인종)와 비교적 최근에 이주해온 입식자들도 있다. 인디오들은 마을의 가장 높은 지역인 고원 지대에 거주하며, 저지대인 삼림 지대에는 입식자들이 살고 있다. 메스티소들은 중간 지대에 해당하는 푸에블로Pueblo라고 불리는 집락에 거주한다.

이 같은 고도에 따른 거주민과 거주 형태의 차이는 그들

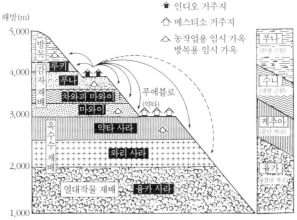

그림 6-1 마르카파타 인디오의 고도차 이용과 임시 가옥의 위치.

농작업용 임시 가옥. 한낮에도 실내가 어둡기 때문에 밖에서 작업을 한다.

의 생업 형태와 밀접한 관련이 있다. 여기서는 선주민인 인디오들에 대해서만 이야기할 생각이다. 전통적인 방식의 농경 생활을 하고 있기 때문이다. 그들은 해발 4,000m 전후의 고산 초지대에 살지만 반드시 고지대에서만 생활하는 것은 아니다. 인디오들은 안데스의 동쪽 경사면에서 볼 수 있는 3,000m 이상의 큰 고도차를 이용해 가축을 기르거나 주 작물인 감자와 옥수수를 재배한다. 그렇기 때문에 파종 및 수확 철이면 일시적으로 머물며 농작업을 하는 임시 가옥이 있다. 또 방목지에도 가축을 지키는 가옥이 있다. 이런 농경 방식을 그림으로 나타낸 것이 그림 6-1이다. 이 지도를 참고해 그들의 생활을 조금 더 구체적으로 살펴보자.

고지대부터 살펴보면 가축 방목은 해발 4,000m 위쪽에 펼쳐진 초원 지대를 중심으로 이루어진다. 주로 안데스 특산인 라마와 알파카, 그 밖에 유럽에서 들어온 양을 기른다. 한 가족이 소유한 가축은 평균 50~60마리이다. 그중 라마와 양은 목초를 가리지 않기 때문에 방목 범위가 넓지만 알파카는 고산 초지대의 목초만 먹기 때문에 고지에서만 방목한다. 특히 건기에는 목초가 부족하기 때문에 눈이 녹아 일 년 내내 목초가 풍성한 습원 부근에서 가축을 방목한다. 그곳에도 마찬가지로 가축을 지키는 가옥이 있다.

감자는 해발 약 3,000m에서 4,200m 사이의 고도에서 재배한다. 그림 6-1을 보면 알 수 있듯이 감자밭은 고도에 따라 파종 및 수확 시기, 재배 방법, 품종 등이 다른 네 종류의 경지로 나뉜다. 그리고 이런 네 종류의 감자밭은 각각 낮은 지대부터 마와이Maway, 차와피 마와이Chawapi maway, 푸나Puna, 루키Ruki라고 불린다. 그중 농작업을 위한 임시 가옥을 볼 수 있는 것은 보통 마와이와 푸나 지대에 있는 감자밭이다. 마와이는 그들의 거주지에서 멀고, 푸나는 넓기 때문에 파종 및 수확에 시간이 많이 걸리기 때문이다.

해발 약 3,000m 이하의 낮은 지대에서는 주로 옥수수를 재배한다. 마르카파타에서 재배되는 옥수수는 고도에 따라 세 그룹으로 크게 나뉘며, 각각 약타 사라llaqta sara(사라는 케추아어로 옥수수를 뜻한다), 와리 사라Wari sara, 융카 사라Yunca sara라고 불린다. 그중 와리 사라와 융카 사라를 재배하는 사람은 많지 않고, 대부분 해발 2,600m부터 3,000m 고도에서 약타 사라를 재배한다. 그리고 이런 옥수수밭도 거주지와 멀리 떨어져 있기 때문에 임시 가옥을 두었다. 이렇게 그들은 안데스 동쪽 경사면을 오르내리며 임시 가옥을 이용해 농사를 짓고 가축을 길렀다. 최소한 식량에 관해서는 자급자족적인 생활이 가능했던 것이다.

이런 자급자족적 생활은 잉카 시대 때부터 전해져 내려오는 전통이다. 작물 재배와 가축 사육은 보통 가족 단위로 이루어지지만 각 가족이 자유롭게 파종과 수확을 하는 것은 아니다. 앞서 말한 경지는 코무니다드Comunidad라고 불리는 잉카 혹은 그 이전부터 이어져온 혈연적 색채가 짙은 공동체의 공동 경작지이기 때문이다. 그래서 파종 및 수확은 모두 공동체 회의로 정한 시기에 이루어지는 등 공동 경지 이용에 관해서는 공동체의 다양한 규제가 있다.

감자 위주의 식탁

인디오들은 이렇게 생산한 농산물을 어떻게 소비하고 있을까. 내가 가장 오래 머물렀던 집을 예로 들어 소개하고자 한다. 해발 약 3,800m 고지에서 부부와 자녀 4명의 6인 가족이 거주하는 가정이다. 이들 가족은 고지대에서

옥수수(9)

옥수수(2)

감자류

옥수수
(16)

감자
(25)

밀(6)

쌀(3)

고기
(10)

추뇨
(9)

퀴노아
(1)

콩(1)

올루코(1)

아침 식사(72)

밀(2)

쌀
(6)

고기
(18)

감자
(29)

추뇨
(16)

올루코(3)

점심 식사(83)

밀(1)

쌀(7)

고(5)

감자
(27)

추뇨
(13)

올루코(4)

저녁 식사(59)

그림 6-2 마르카파타 마을 식사의 주재료

라마, 알파카, 양 등의 가축 50여 마리를 기르고, 저지대
에서는 옥수수를 재배한다. 그리고 중간 지대에서는 감자
를 주 작물로 재배하고 있다. 감자와 옥수수 생산량에 대
해서는 구체적인 자료를 얻지 못했지만 둘 다 이들 가족이
소비하는 양 이상의 수확이 있으며, 이를 물물교환 혹은
판매한 돈으로 설탕, 소금, 등유, 의류 등 주로 식료품 이
외의 물품을 구입한다.

식사는 아침, 점심, 저녁의 세 끼가 기본이며, 점심은 방
목해 기르는 가축을 지키거나 농작업을 하기 때문에 주로
밖에서 먹는 일이 많다. 그림 6-2는 9월 한 달간 식사의 주
재료를 나타낸 것이다. 9월은 감자를 파종하는 시기여서
낮에는 대부분 밭에서 식사를 했다. 또 주식과 부식의 명
확한 구분이 없기 때문에 음료와 조미료를 뺀 식사의 주재

료를 빈도별로 나타냈다. 가령 추뇨 수프의 경우, 보통 감자나 고기 등도 들어가지만 여기서는 주재료인 추뇨만 포함해 계산했다. 그렇기 때문에 그림에 나타난 비율은 실제 먹는 양과 일치하지 않으며, 어디까지나 전체적인 경향을 파악하기 위한 것이다. 양적인 문제에 관해서는 설명을 덧붙이기로 하고 조금 더 구체적으로 살펴보자.

이 집 식사의 주재료는 총 214개로 쌀, 보리, 옥수수, 퀴노아, 콩, 감자, 오카, 올루코, 9종류의 고기 등이 있다. 90회 식사에 214개의 주재료가 등장하는 것은 보통 한 번 식사할 때 여러 요리를 먹기 때문이다. 이런 주재료 중 쌀, 보리, 퀴노아를 제외한 나머지는 모두 마르카파타에서 생산되는 것이다. 또 쌀, 보리는 출현 빈도는 높지만 양은 많지 않다.

그림에서 알 수 있듯이 아침, 점심, 저녁의 세 끼 식사 모두 주재료는 거의 변함이 없다. 그리고 매 식사마다 감자와 추뇨를 포함한 감자류의 출현 빈도가 매우 높다. 감자류가 차지하는 비율은 아침 식사의 경우 49%, 점심 식사는 58%, 저녁 식사는 75%에 이른다. 한편 옥수수는 아침 식사의 경우 22%, 점심 식사는 11%, 저녁 식사는 3%

주식처럼 먹는 찐 감자 파파 와
이코.

에 그치며 감자류에 비해 현저히 낮다.

이를 출현 빈도가 아닌 중량으로 따지면 감자류가 차지하는 비율은 더욱 커질 것이다. 가령 주식과 부식의 구별이 따로 없다고 했지만 식사 내용으로 볼 때 주식과 같은 요리가 있다. 파파 와이코Papa huayco라고 불리는 질냄비 등에 넣고 찐 감자이다. 종종 감자뿐 아니라 오카, 올루코, 마슈아, 추뇨 등의 감자류를 함께 넣어 찌기도 한다. 이 파파 와이코가 일 년 내내 거의 매 식사에 제공된다. 여기서 예를 든 9월 한 달 동안에도 아침과 점심에 25회, 저녁에는 26회 식탁에 올랐다. 이 파파 와이코에 소량의 육포와 고추 수프만으로 식사를 하는 날도 많았다. 그야말로 '감자 위주'의 식탁이 아닐 수 없다.

아쉽게도 당시 조사에서는 식사 내용을 양적으로 제시하지는 못했지만 그림 6-2로 나타낸 가정의 식사에서 감자류가 차지하는 비율은 8할에 가까울 것으로 보았다. 이런 경향은 다른 가정에서도 마찬가지이다. 어느 가정이나 감자류 재배에 가장 큰 노동력을 할애하고 있기 때문이다.

여기서 한 가지 의문이 든다. 감자류의 주성분은 녹말질로 단백질 함량이 낮다. 그렇다면 감자 위주의 식사는 영양적인 면에서 불균형을 초래하지 않을까. 이런 영양 불균형을 보충한 것이 육류이다. 그림에서는 아침과 점심 식사에 고기가 차지하는 비율이 추뇨 등보다 많기는 하지만 양으로 따지면 훨씬 적다. 하지만 거의 매 끼니마다 육류가 사용되고 출현 빈도도 매우 높다는 특징이 있다.

식탁에 가장 많이 오르는 고기 요리는 감자나 추뇨 등을 넣고 끓인 수프이다. 또 앞서 말했듯이 점심은 바깥에서 먹을 때가 많은데 그때도 육포를 자주 먹는다. 신선한 고기가 들어오면 아궁이에 불을 때 구워 먹기도 한다. 이런 식사 내용으로 볼 때 녹말질 위주의 식사에 육류가 빠지지 않는다는 것을 알 수 있다.

육류의 공급원으로 빠지지 않는 것이 있다. 바로 실내에서 기르는 쿠이Cuy(기니피그의 일종)이다. 대다수 인디오 가정에서는 10~20여 마리의 쿠이를 키워 요리해 먹는다.

쿠이 요리. 축제 때 빠지지 않는 요리.

물론 쿠이 요리를 일상적으로 먹는 것은 아니다. 집에 손님이 오거나 축제 때처럼 특별한 날에 등장하는 요리이다. 쿠이는 작은 동물이기 때문에 양적으로 큰 역할을 하는 것은 아니지만 축제가 많은 7, 8월 무렵에는 자주 식탁에 오른다.

특별한 옥수수 요리

나는 제2장의 결론 부분에서 '잉카제국에서는 주식은 감자, 의례에 필요한 작물로는 옥수수를 이용했다고 볼 수 있다'라고 추측했다. 과연 이런 추측은 옳았을까. 여기서는 실제 선주민들과 함께 지내며 그들의 식생활을 조사한 관찰 결과를 이야기하고자 한다.

인디오 가정에서 그들과 함께 식사를 하며 깨달은 놀라운 사실이 있다. 과거 잉카제국의 중심지 쿠스코 지방에 위치한 마르카파타에서도 선주민의 식생활 대부분을 점하는 감자류에 비해 옥수수는 거의 식탁에 오르지 않는다는 점이다. 물론 옥수수를 먹지 않는 것은 아니다. 그림 6-2에도 나타나듯이 저녁 식사에는 거의 나오지 않지만 아침에는 16회나 등장한다. 하지만 옥수수를 주식으로 이용하는 일은 드물다. 주로 이용하는 방법은 알곡을 절구로 빻아 수프 등에 넣고 함께 끓이는 사라 라와Sara Lawa라고 불리는 음식이다. 또 알곡을 냄비에 볶은 칸차Cancha는 농작업이나 방목한 가축을 지킬 때 간편하게 먹을 수 있는 휴대식으로 이용되지만 양으로 따지면 도저히 주식으로 볼 수 없을 만큼 소비되는 양이 적다.

물론 일 년 중 옥수수만 먹는 시기도 있다. 옥수수 수확철을 맞아 한동안 옥수수밭에 있는 임시 가옥에 머물 때이다. 이때는 삼시 세끼는 물론 간식으로도 갓 수확한 옥수수를 먹는다. 가끔 물물교환으로 얻은 치즈와 고기를 먹기도 하지만 주식은 모트Mote라고 불리는 옥수수 알곡을 삶은 것이다. 여기에는 몇 가지 이유를 생각할 수 있다.

우미타라고 불리는 옥수수 요리.

먼저 수확 철은 신선한 옥수수를 먹을 수 있는 유일한 기회이다. 또 이런 신선한 옥수수 알곡은 비교적 부드럽기 때문에 요리하기 쉬운 이유도 있을 것이다. 그리고 옥수수밭은 해발 3,000m 이하의 삼림 지대에 있기 때문에 연료로 쓸 땔감도 얻기 쉽다. 반면에 말린 옥수수 알곡은 딱딱하기 때문에 특히 기압이 낮은 고지대에서는 조리하기가 더 어렵다. 그래서 고지대에서는 옥수수 알곡을 절구에 빻아 가루로 만든 뒤 끓이거나 알곡을 볶아서 먹는다. 모트와 같이 삶은 옥수수는 수확철이 지나면 거의 나오지 않는다.

한편 옥수수는 쿠이 요리처럼 특별한 날에 먹는 음식이기도 하다. 한랭 고지에 사는 인디오들에게 삼림 지대에 위치한 따뜻한 옥수수밭은 비일상적인 세계이다. 그리고 옥수수 수확 철에는 마르카파타 이외의 지역에서 많은 사람들이 옥수수와 물물교환을 하기 위해 모여든다. 과거 잉카 시대의 농작업이 축제였던 것처럼 옥수수 수확 철에도 그런 축제 분위기가 느껴진다.

옥수수 수확 철에는 이런 축제 분위기를 상징하는 특별한 요리를 준비한다. 마르카파타에서는 라드리요Ladrillo, 안데스에서는 흔히 우미타Humita 혹은 우민타Huminta라고 불리는 요리이다. 이 요리의 재료는 갓 수확한 부드러운 옥수수 알곡이다. 이 옥수수 알곡을 절구에 넣고 으깬 후 설탕이나 소금을 넣고 옥수수 껍질에 싸 뜨겁게 달군 돌 사이에 넣고 굽는 것이다. 옥수수 수확 철에만 먹을 수 있는 이 요리는 잉카 시대의 '태양의 제전' 때도 대량으로 제공되었다고 한다. '태양의 제전'은 잉카제국 최대의 축제로 잉카 왕과 함께 쿠라카Curaca라고 불리는 각 지방의 부족장들이 악단과 함께 행진했다.

그 밖에도 옥수수의 특별한 성격을 말해주는 것이 있다. 옥수수로 만든 술, 치차Chicha이다. 치차는 잉카 시대 농작업이나 제사 의례는 물론 축제에 빠지지 않고 등장하는 술로, 지금도 마르카파타에서 그 전통을 이어가고 있다. 가령 농작업이나 지붕을 교체하는 등의 집안일을 도와준 사람들에게는 반드시 치차를 대접한다. 또 각 가정마다 행하는 가축의 번식 의례나 공동체의 축제에도 치차가 빠지지 않는다. 특히 4년마다 마을 주민들이 전부 참여해 교회 지붕을 교체하는 행사 때도 일주일가량 마을 주민 모두에게 대량의 치차가 제공된다.

큰 고도차를 이용하는 이유

마르카파타 마을과 같이 큰 고도차를 이용하는 생활 방식은 중앙 안데스 전역에 널리 퍼져 있다. 과연 이렇게 큰 고도차를 이용하는 목적은 무엇일까. 다양한 자원을 얻기 위한 방법일 테지만 그렇다면 그 목적은 식량 자급일까. 그런 이유에서라면 이렇게나 큰 고도차를 이용할 필요는 없을 것이다.

내가 관찰한 바에 따르면 마르카파타 마을 주민들은 감자류 위주의 식사를 하기 때문에 여기에 라마, 알파카, 쿠이 등의 육류를 곁들이면 식량 자급이 가능하다. 한편 저지대의 주 작물인 옥수수는 식량이라기보다 주로 종교 의례 등에 빠지지 않는 술을 만드는 데 소비된다.

감자류를 주식으로, 옥수수는 술을 빚는 재료로 이용

하는 것은 중앙 안데스에서는 일반적인 방법이다. 그리고 그것은 잉카 시대 때부터 이어져온 전통인 듯하다. 실은 잉카 시대에도 촌락마다 안데스 동쪽 경사면의 큰 고도차를 이용해온 민족이 있었다. 그들은 고지대에서 가축을 기르거나 감자를 재배하고, 저지대에서는 옥수수 외에도 종교 의례 등에 빠지지 않는 코카를 재배했다. 옥수수나 코카는 따뜻한 기후에 잘 자라는 작물이며, 기온이 낮은 고지에서는 재배할 수 없다. 저지대에서 재배된 작물은 식량이라기보다 종교 의례 등에 쓰이는 중요한 작물이었을 것이다.

이처럼 큰 고도차를 이용한 잉카 시대의 생활 방식은 안데스를 연구하는 인류학자들 사이에서 큰 관심을 모으며 '수직통제Vertical Control'론으로서 다양한 각도에서 논의되어왔다. 그중에서도 인류학자는 고도차를 이용한 생활 방식을 경제적인 이유라기보다 주로 안데스 주민들의 세계관이나 상징체계와 관련이 있을 것으로 보았다.

하지만 마르카파타에 오래 머물수록 이런 견해에 의문을 품게 되었다. 농업의 문화적 측면만을 강조하고 식량 생산이라는 농업 본연의 역할을 간과한 것은 아닐까. 이

치차를 대접하는 케추아 여성. 치차는 종교 의례나 축제에 빠지지 않는다.

런 관점에서 안데스의 농업을 다시 돌아보니 고도차를 이용하는 방법은 혹독한 환경에서 살아남기 위한 생존 전략의 한 가지, 특히 수확의 위험성을 분산하는 방법으로 기능했으리라는 생각이 들었다.

중앙 안데스는 앞서 말했듯이 저위도 지방에 있는 만큼 고지대라도 기후가 비교적 온난하지만 농경에는 극한 상태라고 해도 과언이 아니다. 가령 제1장에서 예를 든 볼리비아의 라파스 공항은 기온이 평균 10℃ 전후이지만 여기에는 설명을 덧붙일 필요가 있다. 중앙 안데스는 위도가 낮기 때문에 일 년 내내 기온 변화가 크지 않지만 하루 동안의 기온 차가 매우 크다. 특히 4월부터 9월 무렵까지 이어지는 건기에는 더욱 심한데, 최저 기온이 영하 몇 도까지 내려가기도 한다. 게다가 강우량이 적어 앞에서 말한 라파스 공항의 연평균 강우량은 668mm에 불과하다. 건기에는 비가 거의 내리지 않기 때문에 자연 강수만으로는 농사를 짓기 어렵다. 이런 건기의 존재와 하루 동안의 극심한 기온 변화, 그리고 낮은 절대 기온 등은 토양의 비옥도 유지에 악영향을 미친다. 또 반년 넘게 이어지는 우기도 경사지가 많은 안데스에서 토양의 침식을 일으키거나 양분을 씻겨 내려가게 하는 요인이 된다. 이 때문에 중앙 안데스 고지는 대부분 토지 생산력이 낮고 환경이 취약하다.

이런 환경에서 이루어지는 농업은 기상 이변이나 병충해의 발생 등으로 파괴적인 피해를 볼 가능성이 늘 잠재해 있다. 특히 중앙 안데스 고지는 기후 변화가 잦아 해발 4,000m 이상의 고지대에서는 재배 기간 중에도 눈이나 서리가 내리기도 한다. 전반적으로 강우량이 적은 데다 해마다 비가 오는 시기나 강우량에도 변동이 큰 것으로 알려졌다.

이런 환경에서 농사를 지을 때는 높은 생산성보다는 안정성을 추구할 필요가 있다. 흉작이 가져올 위기 상황을 미연에 방지해야 하기 때문이다. 그런 위기를 회피하는 방법 중 하나가 큰 고도차를 이용해 각기 다른 작물을 재배하거나 가축을 기르는 방식이 아닐까 생각된다. 그것을 상징하는 것이 고도차를 이용한 감자 재배이다. 다음에서 그 방법에 대해 구체적으로 살펴보자.

큰 고도차를 이용한 감자 재배

마르카파타의 감자밭은 1,000m 이상의 고도차를 두고 분포하며, 고도에 따라 네 종류의 공동 경지로 나뉜다. 앞서 말했지만 이런 공동 경지에는 각각의 가구가 소유한 감자밭이 있다. 즉, 마르카파타에서는 가구별로 네 종류의 감자밭을 소유한다. 각각의 감자밭은 1,000m 이상의 큰 고도차로 분산되어 있다. 그들은 왜 이렇게 큰 고도차가 나는 네 종류의 감자밭을 갖게 된 것일까.

현지에서 얻은 정보에 따르면 '일 년 내내 신선한 감자를 먹기 위해서'라는 것이었다. 과연 시기를 달리하면 일 년에 네 번 수확할 수 있기 때문에 갓 수확한 감자를 먹을 수 있는 기회는 늘어난다. 또 수분이 많아 장기 보존이 어려운 감자의 특성상 여러 번 수확하는 편이 여러모로 편리하다.

하지만 마을 주민들의 식사 모습을 보면 그 외에도 다른

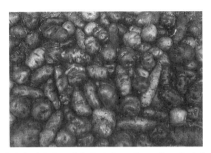

마르카파타에서 재배되는 감자의 재래종. 약 100여 종이 재배되고 있다.

큰 이유가 있는 듯하다. 평상시 먹는 감자는 대부분 푸나
지대의 감자밭에서 수확한 것으로, 다른 경지에서 수확한
감자의 비율은 지극히 낮다. 사실 네 곳의 공동 경지의 크
기는 균일하지 않다. 압도적으로 넓은 푸나 지대의 감자
밭과 달리 다른 세 경지는 상당히 협소하다. 그렇기 때문
에 각 가정에서 소유한 공동 경지도 푸나 지대에 있는 경
지가 가장 크다.

또 한 가지 이유는 수확에 미치는 위험성 분산이다. 감
자는 본래 한랭 고지에 적합한 작물이다. 그런 환경은 앞
에서도 말했지만 작물 재배가 어려운 환경 즉, 수확의 위
험성이 큰 환경이다. 그 위험성을 회피하거나 감소시키
기 위한 방법의 하나가 큰 고도차로 발생하는 기온 및 강

우량의 차이를 이용해 조금씩 시기를 달리해 파종하는 것이다. 구체적으로는 고도가 낮은 지대일수록 기온이 높고 강우량도 많기 때문에 일찍 파종하고, 고도가 높을수록 파종 시기를 늦추는 식이다. 실제 고도가 가장 낮은 마와이 지대의 경지에서는 8월에 파종하고, 고도가 가장 높은 루키 지대에 있는 경지에서는 10월 말에 파종하는 식으로 2~3개월의 간격이 있다.

이처럼 각 가정은 생육 환경이 다른 네 그룹의 감자를 각기 다른 고도에서 재배한다. 이런 방식으로 가령 기상 이변이 일어나도 고도에 따라 미치는 영향이 다를 것이다. 병충해에 의한 피해도 마찬가지이다. 따라서 큰 고도 차를 두고 감자밭을 분산하는 것은 수확에 미칠 다양한 위험성을 분산하는 목적이 있다고 여겨진다.

그런 점에서 유독 관심이 가는 공동 경지가 있다. 공동 경지 중에서도 가장 높은 지대에 있는 루키 경지이다. 이름에서도 알 수 있듯, 루키 지대의 경지에서는 오직 루키라고 불리는 감자 품종이 재배된다. 루키는 수많은 감자 품종 중에서도 내한성이 가장 뛰어나고 병충해에도 강한 것으로 알려져 있다. 루키는 떫은맛이 강해 익히는 것만으로는 먹을 수 없기 때문에 모두 추뇨로 가공해 기본적으로 식량이 부족할 경우를 대비한 보존식품으로 저장한다.

수확 감소 대책

감자밭은 앞서 이야기한 것처럼 고도차를 두고 수직 방향으로 분산하기도 하지만 수평 방향으로도 분산한다. 이른바 감자 경지의 휴한休閑(경작을 일시 중단함-역주) 시스템이다. 감자 경지의 휴한은 잉카 시대 혹은 그 이전부터 이어져온 전통으로 지금도 중앙 안데스 고지에서 널리 이루어지고 있다. 마르카파타에서도 네 종류의 공동 경지를 각각 5개 구역으로 나누고, 그중 한 곳에서만 감자를 재배하고 나머지는 휴한한다. 간혹 다음 해에 감자 이외의 작물을 심기도 하지만 그런 곳은 전체 경지의 일부일 뿐 대개는 휴한한다.

감자 경지를 휴한하는 이유는 무엇일까. 흔히 지력을 회복하기 위한 방법이라고 하는데 과연 그럴까. 확실히 지력을 회복하는 목적도 있지만 중앙 안데스 고지에서 감자 경지를 휴한하는 것은 병충해 방제를 위해서이기도 하다.

감자 경지. 사진 앞쪽이 재배 중인 경지이며 뒤쪽은 휴한지.

사실 감자는 병충해에 약한 작물로, 연작하는 경우 병충해 발생률은 더욱 높아진다. 안데스에서 가장 문제가 되는 것은 감자 선충Nematodes에 의한 피해이다. 휴한은 이 감자 선충 구제에 가장 효과적인 방법으로 알려져 있다. 더 나아가 '감자 선충의 생식 밀도가 높을 때 감자 수확량을 확보하려면 5년에 한 번씩 윤작하는 것이 좋다'고 한다.

중앙 안데스 고지 전체를 둘러보면 다양한 방식으로 휴한하는 감자 경지를 볼 수 있다. 수십 년간 휴한하는 경지도 있다. 한편 감자를 재배한 다음 해부터 다양한 작물을 윤작하는 방식도 이루어진다. 하지만 어떤 경우에도 감자를 연작하지 않고 최소 4년간은 감자를 재배하지 않는 원칙을 지킨다.

이는 휴한의 가장 큰 목적이 지력의 회복보다는 병충해 방제라는 사실을 분명히 보여준다. 물론 이런 방식은 매년 사용할 수 있는 경지가 전체의 수분의 일에 한정되기 때문에 생산성 면에서는 매우 비효율적이다. 이 또한 그들의 목적이 생산성보다 수확의 안정성에 있다는 사실을 말해준다.

그 밖에도 안데스 고지의 감자 재배가 높은 생산성보다 안정성을 추구한다는 사실을 확인할 수 있는 예가 있다. 밭 하나에서 여러 품종을 재배하는 농법이다. 생산성을 우선한다면 수확량이 높은 품종을 선별해 재배하면 된다. 그런데 굳이 수확량이 높은 품종과 낮은 품종을 섞어서 재배하는 것이다.

그런 예를 마르카파타에서도 볼 수 있다. 그림 6-3은 해발 약 3,900m의 푸나 경지 일부에서 재배되는 감자의 품종을 나타낸 것이다. 이 작은 면적에서만 2배체, 4배체, 5배체 감자 그리고 30가지가 넘는 품종을 확인할 수 있다. 보통 2배체 감자는 수확량이 적고 4배체 감자가 2배체보다 수확량이 많다. 그럼에도 이 밭에는 2배체와 4배체 그리고 5배체 감자가 모두 재배되고 있다.

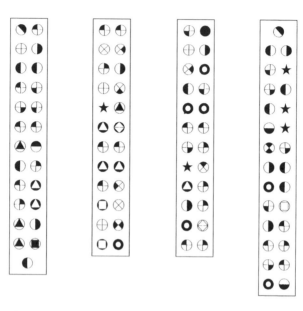

◗ 체케푸루(2×)　　⊗ 룬토사(4×)　　⬢ 유라크 로모(5×)
◖ 토르냐(2×)　　⊛ 술리(4×)　　◭ 레케차키
⬤ 토코치(2×)　　⊗ 알카이 와르미(4×)　　◭ 알라크 리미야
◡ 치마코(2×)　　⊗ 푸루 룬토사(4×)　　⬤ 라마 나위
◗ 야나 운추나(2×)　　⊗ 푸카 볼레(4×)　　◻ 푸카 마와이
⊕ 막타차(4×)　　⊗ 푸카 술리(4×)　　◉ 푸카 코라
⊕ 곰피스(4×)　　⊗ 알로즈 코라(4×)　　◉ 스와 만차치
⊕ 코라(4×)　　◻ 야나 마와이(4×)　　⬤ 야나 파파
⊕ 쿠시(4×)　　◊ 루키(5×)　　★ 이사뇨
⊕ 볼레(4×)　　⊗ 유라크 루키(5×)

※호칭은 모두 케추아어이다.
※괄호 안의 숫자는 배수성을 나타낸다. 표시가 없는 것은 판정되지 않은 것.

그림 6-3 감자밭 이랑에 심은 감자 품종.

그 이유 중 하나로 생각되는 것이 수확에 미치는 위험성 분산이다. 그림 6-3과 같이 마르카파타에서 재배되는 감자 품종은 실로 다양하다. 이런 품종들은 형태도 다르지만 병충해나 기후 또는 환경에 대한 적응성도 다 다르다고 판단된다. 실제 2배체 감자 중에는 내한성이 뛰어난 품종이 있다고 알려져 있다. 다만 내한성 면에서도 앞서 말한 5배체 감자가 더욱 뛰어날 뿐 아니라 병충해에도 강하다고 한다.

따라서 감자밭 하나에 이렇게 다양한 품종을 재배하는 것은 역시 수확에 미칠 위험성을 분산하기 위한 방법이라고 볼 수 있다. 내한성이나 내병성 면에서 각기 다른 여러 품종을 섞어 심음으로써 기상 이변이나 병충해로 말미암은 수확 감소를 막는 방책으로 여겨진다. 이런 점에서 앞서 예를 든 감자밭에서 재배되는 흥미로운 작물이 있다.

마르카파타에서는 이사뇨Isaño, 일반적으로는 마슈아 Mashua라고 불리는 감자와는 전혀 다른 한련과의 덩이줄기류이다. 그림 6-3에서 ★로 표시된 이랑 하나에 1~3개 정도만 심은 것이 바로 마슈아이다. 마을 주민들에게 물어보면 대개 '이사뇨와 감자를 섞어서 재배하면 감자가 잘 자란다'는 대답이 돌아왔다.

그들은 마슈아와 감자류를 섞어 심으면 병충해를 막을 수 있다고 생각했다. 실제 마슈아에는 감자 선충 구제에 효과적인 성분이 포함된 것으로 알려져 있다.

전통과 근대화의 갈림길

지금까지 마르카파타 마을의 감자 재배를 중심으로 중앙 안데스 고지의 전통 농업의 특색을 살펴보았다. 전체적인 특징은 높은 생산성보다 안정성을 추구한다는 점이다. 이런 농업의 특색 덕분에 수천 년 동안 많은 사람들이 생활할 수 있었던 것이 아닐까. 잉카제국은 1,000만 명에 가까운 인구를 거느렸으며, 그 대부분이 중앙 안데스의 산악 지대에 살았다고 한다. 오늘날 중앙 안데스는 전 세계 고지 중에서도 가장 많은 인구가 사는 지역이지만 대규모 기근이 일어난 일은 없다.

새삼 제3장에서 소개한 아일랜드의 감자 대기근이 떠오른다. 아일랜드에서는 감자 재배를 시작한 지 200년 남짓한 시기에 역병으로 빚어진 심각한 기근을 경험했다. 그 원인은 지나치게 감자에 의존한 것, 그리고 단일 품종을 연작했기 때문이었다. 그에 비해 중앙 안데스에서는 이중 삼중으로 감자 수확의 위험성을 줄이기 위한 방책을 강구했으며, 그 덕분에 오랫동안 대규모 기근을 피할 수 있었다고 생각한다.

그렇다면 잉카제국 멸망한 지 500년 가까이 흐른 지금 21세기를 살아가는 안데스 농민들은 이런 전통적인 농경 방식을 어떻게 받아들이고 있을까. 실은 대부분의 농민들이 전통 농업에 만족하지 못한다. 대다수 농민이 낮은 수확량에 불만을 갖고 있다. 특히 최근의 감자 수확량은 인구가 늘어난 탓에 경지의 휴한 기간이 짧아지고 윤작 연수가 늘면서 형편없는 수준으로까지 떨어졌다고 한다.

과연 안데스 전통 농업의 생산성은 지극히 낮은 수준이다. 예컨대 미국의 단위면적당 감자 수확량은 약 40톤에 달하지만 안데스의 농촌에서는 그 10분의 1도 되지 않는 3톤 정도에 그친다. 게다가 안데스의 경지는 최소 수년간은 휴한하기 때문에 경작 면적당 수확량은 미국의 수십분의 1에 불과하다.

참고삼아 페루와 다른 나라의 감자 생산량을 비교해보

자. 그림 6-4는 감자를 많이 재배하는 20개국의 국가별 감자 생산량을 나타낸 것이다. 상위 5위부터 11위까지를 우크라이나, 독일, 폴란드 등의 유럽 국가들이 점하고 있는데 비해 감자의 원산지인 페루는 17위에 그친다. 게다가 페루는 국토 면적이 약 128만㎢나 되지만 앞서 말한 유럽 국가들은 페루 면적의 2분의 1 내지는 4분의 1 정도 수준이며, 심지어 벨라루스는 6분의 1밖에 되지 않는다. 참고로 19위를 차지한 일본은 감자 생산량은 페루와 거의 비슷하지만 국토 면적은 페루의 3분의 1이 채 되지 않는다.

　페루의 감자 수확량이 낮은 이유 중 하나는 소규모 농민이 많고 그들 대부분이 수확량이 많은 개량종이 아닌 재래종을 재배하기 때문이다. 비료도 예부터 안데스 지방에서 쓰던 가축분을 사용하는데 이 또한 화학비료에 비해 효과가 적다. 안데스의 농민들도 이런 사실을 모르지 않지만 자급적 농가가 대부분인 그들로서는 개량종이나 화학비료를 구입하기가 쉽지 않다. 자급적 농가에서는 현금을 얻을 수단이 거의 없기 때문이다.

　안데스의 전통 농업은 안정성을 추구하면 수확량이 저하되고, 생산성을 추구하면 수확에 대한 위험성이 증가하

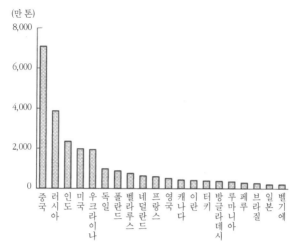

(만 톤)

그림 6-4 국가별 감자 생산량. [FAO 2006] 자료 인용

는 딜레마를 안고 있다. 이처럼 쉽게 해결할 수 없는 딜레마 때문에 경제적인 어려움을 겪는 농민들이 많다. 또 고도차가 큰 경지를 오르내리며 농사를 짓기 때문에 노동 강도도 매우 높다. 그런 이유로 오늘날 안데스 산악 지대의 두드러진 현상 중 하나가 산악 지대에서 저지대로, 특히 농촌에서 도시로의 인구 이동이다. 가령 페루의 수도 리마는 1940년 약 60만 명이었던 인구가 1970년에는 400만 명으로 급증했으며, 현재는 800만 명에 이르고 있다.

도시와 농촌의 큰 격차

인구 이동의 배경에는 산악 지대 주민들의 경제적 어려움 외에도 도로, 전기, 수도, 의료, 교육 등의 모든 면에서 도시와 농촌 간의 큰 격차가 있다. 산악 지대의 인구 이동이 가속화되면서 지역사회의 붕괴를 초래하고 급기야 공동체에 의한 자원의 관리가 이루어지지 않게 되면서 황폐화된 곳도 있다. 한편 도시에서는 인구 집중, 도시의 슬럼화, 대기 오염 등의 문제가 발생하면서 사회 불안이 날로 커졌다.

이런 상황은 평화로운 나라에서 살면 좀처럼 실감하기 어렵다. 여기서 잠시 내가 경험한 당시의 상황을 이야기하고자 한다. 나는 1984년부터 3년간 가족과 함께 페루의 수도 리마에 머물렀다. 1985년부터는 치안 악화로 밤에 외출하는 것이 금지되었다. 새벽 1시부터 5시까지의 외출을 금한 것이다. 이런 치안 악화의 배경에도 도시와 농촌의 큰 격차가 있었다. 내가 잠시 머물렀던 마르카파타 마을에서는 전기는 물론 수도와 가스가 들어오지 않았기 때문에 밤이면 칠흑과 같은 어둠 속에서 추위에 떨며 잠이 들었다. 반면에 리마는 밤에도 전기 불빛이 훤하고 수도

리마시 교외의 슬럼가. 현지에서는 '젊은 마을'이라는 뜻의 푸에블로 호벤 Pueblo joven이라고 부른다.

꼭지를 돌리면 뜨거운 물이 콸콸 쏟아지는 집도 적지 않았다.

상황이 이렇다 보니 산악 지대에 사는 가난한 농민들이 불만을 품는 것도 당연한 일이었다. 급기야 산악 지대에서는 센데로 루미노소Sendero Luminoso라고 하는 반정부 테러단체가 생겨나 도시를 향해 분노를 표출했다. 폭탄 테러가 끊이지 않았다. 그때마다 리마에는 전기가 끊기고 시민들은 촛불에 의지해 생활했다. 매달 300명 가까운 사람들이 폭탄 테러로 목숨을 잃거나 다쳤다. 리마에는 비상사태가 선언되고 야간 외출도 금지되었다. 이들의 세력이 지방에까지 뻗치면서 내가 조사하던 쿠스코 지역도 위태로운 상황이었다. 결국 10년 넘게 계속된 마르카파타 조사를 중단할 수밖에 없었다.

그 후로 10년 이상 마르카파타와 떨어져 지내던 나는 수 년 전 후지모리 대통령의 테러 봉쇄 정책의 성공으로 치안이 회복된 페루 마르카파타를 방문했다. 놀랍게도 도로가 정비된 덕분에 과거에는 트럭 짐칸에 타고 갔던 마르카파타를 버스로 갈 수 있었다. 또 마르카파타 마을 중심지에는 전기가 들어오고 인터넷을 이용할 수 있는 상점까지 생겼다. 이런 변화 때문인지 마을에는 활기가 넘치고 주민들의 표정도 밝았다.

한편 도시와의 정기적인 교통수단이 생기면서 현금 경제도 침투한 듯 보였다. 과거의 풍부했던 감자 재래종이 많이 사라지고 판매용 개량종들이 늘었다는 정보도 있다. 그것이 사실이라면 생산성보다 안정성을 추구하던 그들의 감자 재배 방식은 어떻게 바뀔 것인가. 감자 재배에 전면적으로 의존했던 그들의 생활양식도 크게 바뀌게 될까. 앞으로의 변화를 예의주시해야 할 것이다.

에필로그
편견을 뛰어넘어
- 감자와 인간의 미래

길에서 감자를 파는 에티오피아인 여성(아디스아바바 근교).

표 -1 지역별 감자 생산량. [FAO 2006] 인용

	경작면적(ha)	생산량 (톤)	단위면적당 수확량(t/ha)
아프리카	1,499,687	16,420,729	10. 95
아시아 · 오세아니아	9,143,495	131,286,181	14. 36
유럽	7,348,420	126,332,492	17. 19
라틴아메리카	951,974	15,627,530	16. 42
북아메리카	608,131	24,708,603	40. 63
합계	19,551,707	314,375,535	16. 08

표 -2 지역별 감자 소비량. [FAO 2005] 인용

	인구 (명)	소비	
		소비량 (톤)	1인당 소비량 (kg)
아프리카	905,937,000	12,850,000	14. 18
아시아 · 오세아니아	3,938,469,000	101,756,000	25. 83
유럽	739,276,000	71,087,000	96. 15
라틴아메리카	561,344,000	13,280,000	23. 65
북아메리카	330,608,000	19,156,000	57. 94
합계	6,475,634,000	218,129,000	33. 68

여전한 편견

지금까지 이야기했듯이 감자는 유럽과 히말라야 그리고 일본에서도 전쟁과 기근으로부터 사람들을 구한 구황작물로서 큰 역할을 했다. 또 단순한 구황작물에 그치지 않고 엄청난 인구 증가에 기여했으며, 유럽에서는 산업혁명을 떠받치는 등 사회와 경제에 큰 영향을 미쳤다. 세계를 바꾸었다고 해도 과언이 아닐 정도이다.

하지만 이런 감자의 공헌은 잘 알려지지 않았다. 특히 일본에서 그런 경향이 강하다. 편견의 대상이 되었던 유럽과 마찬가지로 일본에서도 시골 출신이라거나 촌스럽다는 의미를 감자에 빗대어 경멸하는 사람이 있다. 다만 일본에서도 젊은 세대일수록 감자에 대한 혐오감을 가진 사람이 드물다. 포테이토칩이나 프라이드포테이토 등에 익숙한 세대이기 때문인지도 모른다. 감자를 멸시하고 때로는 혐오감까지 가지고 있는 것은 전쟁을 경험한 고령층이 많다. 감자를 대용식으로 먹으며 힘들고 배고픈 시절을 견딘 과거가 떠오르기 때문일 것이다.

하지만 지금까지 이야기했듯이 감자를 대용식이 아닌 주식으로 이용하는 국민과 민족도 적지 않다. 실제 세계를 돌아보면 오히려 일본의 특이성이 눈에 띈다. 표-1은 지역별로 나타낸 감자 생산량이다. 아시아와 유럽이 전체 생산량의 80% 이상을 차지한다. 하지만 아시아는 인구가 많기 때문에 이를 소비량으로 보면 다른 경향이 나타난다 (표-2). 유럽은 1인당 연간 96kg의 감자를 소비하며 미국이 58kg으로 그 뒤를 잇는다. 그에 비해 아시아는 약 26kg에 불과하다. 참고로 일본은 아시아 평균보다 적은 약 25kg 을 소비한다. 즉, 일본의 감자 소비량은 유럽의 4분의 1 수준으로 매우 낮다. 따라서 감자를 대용식으로 여기는 것은 일본의 생각일 뿐 유럽과 같이 감자가 어엿한 주식으로 자리 잡은 나라도 적지 않다.

감자류에 대한 또 다른 큰 편견이 있다. 그것은 감자류가 녹말 성분 외에 다른 영양소가 거의 없는 영양적으로 뒤떨어지는 식품이라는 생각이다. 과연 그럴까. 여기서 일본인들이 주식으로 먹는 밥(정백미)과 밀로 만든 마카로니, 스파게티 따위의 파스타류 그리고 찐 감자를 비교해 보자. 그림-1은 가식부 100g당 영양가를 비교한 것이다. 이 도표에 따르면 감자의 열량은 84kcal로 쌀의 168kcal, 밀의 149kcal에는 못 미치지만 미네랄이나 비타민류는 결코 뒤지

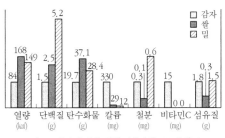

그림-1 감자의 영양 성분. [가가와 2005] 참조.
가식부 100g당 영양가를 쌀, 밀과 비교했다.

지 않는다. 특히 곡류에 거의 들어 있지 않은 비타민C가 풍부하게 들어 있다. 중간 크기의 감자 1개에는 하루 섭취 권장량의 절반 가까운 비타민C가 들어 있고, 칼륨도 권장량의 5분의 1 정도가 들어 있다. 감자의 영양소가 녹말뿐이라는 것은 결코 사실이 아닌 것이다.

오히려 문제가 되는 것은 감자에 함유된 다량의 수분이다. 80%에 가까운 수분에 의해 영양 성분이 희석되는 것이다. 그렇기 때문에 감자를 주식으로 이용하는 지역에서 감자로 영양을 섭취하려면 많은 양의 감자를 먹어야 한다. 실제 안데스 고지의 농민들은 보통 한 번에 10~20개, 1kg 정도의 감자를 먹는다. 그렇게 많은 감자를 먹고 '힘이 나지 않을' 리 없다. 실제 그들은 30~40kg이나 되는 짐을 짊어지고 기복이 많은 안데스를 오르내리며 생활한다.

또 한 가지 떠오르는 편견이 있다. 감자류를 먹으면 '살이 찐다'는 것이다. 이거야말로 근거 없는 미신이다. 앞서 말했듯이 감자의 단위중량당 열량은 곡류 등에 비해 훨씬 낮기 때문이다. 물론, 감자도 프라이드포테이토처럼 조리 방법에 따라 곡류에 필적할 만큼 열량이 늘기도 한다. 따라서 조리법만 주의하면 감자는 훌륭한 건강식품으로 재평가되어야 마땅하다.

역사의 교훈

돌이켜보면 감자는 고향인 안데스를 떠난 이후 줄곧 편견에 물든 역사의 연속이었다. 그런 편견을 깨뜨린 것은 거듭되는 기근과 전쟁이었다. 우리는 그 역사를 통해 많은 것을 배울 수 있다.

먼저 기근은 과거의 일이 아니다. 지금도 규모는 다를지 모르지만 세계 각지에서 발생하고 있다. 전쟁도 끊이지 않는다. 오늘날 전 세계적으로 영양 부족이나 영양 불량으로 고생하는 사람들이 최소 10억 명에 이른다고 한다. 식량 문제에 관해서는 앞으로도 낙관적인 전망이 어렵다. 세계 인구는 크게 늘고 있지만 경지면적은 거의 한계에 달했기 때문이다. 도리어 경지면적은 토양 침식이나 사막화 등으로 감소하는 경향마저 보인다.

이런 상황을 극복하고자 다양한 식량 증산 대책과 수확량 증대 노력이 이루어지고 있다. 문제는 식량 문제의 대상이 늘 곡류에 한정된다는 점이다. 예컨대 일본에서도 식량 자급률이라고 하면 흔히 곡물 자급률을 말한다. 즉, 곡물에 대해서만 논의될 뿐 감자류가 역사에 기여한 공헌은 잊혀졌다. 앞서 말했듯이 감자류는 곡류와 함께 인류가 농사를 시작한 이래 중요한 식량원이 되었다. 그리고 감자류는 곡류보다 뛰어난 장점도 가지고 있다. 예를 들면 다음과 같은 장점을 들 수 있다.

감자류는 태양 에너지 효율이 높고 일정 면적의 토지에서 얻을 수 있는 열량이 곡류를 능가한다. 감자는 곡물이 냉해를 입을 정도의 기상 조건에서도 많은 양의 태양 에너지를 포착해 수확량을 높인다. 토양 수분의 이용 효율도 높다. 수분이 적은 땅에서도 잘 자라기 때문에 가뭄으로 곡물이 자라지 못할 때에도 수확할 수 있다. 비료 흡수력이 강하고 적은 비료로도 재배할 수 있다. 갑작스러운 재해에도 강하다.

(호시카와 기요치카星川淸親『감자 – 흙의 선물』중)

이런 장점에도 감자류의 중요성은 주목받지 못하고 관련 연구도 충분치 않은 실정이다. 재배 농민들의 지식이나 기술 수준도 부족하다. 이것은 감자류의 생산성 향상에 큰 가능성이 남아 있다는 뜻이기도 하다. 예를 들면 앞선 표-1에서도 나타나듯이 아프리카와 북아메리카는 단위 면적당 감자 수확량이 각각 약 10톤과 40톤으로 4배가량 차이가 난다. 이는 감자 증산 가능성이 큰 지역이 존재한다는 것을 말해준다.

물론 감자류에도 결점은 있다. 거듭 말하지만 감자류는 다량의 수분을 함유하고 있기 때문에 쉽게 썩고 장기 보존이 어렵다는 결점이 있다. 하지만 이런 결점은 기술 개발로 극복할 여지가 충분하다고 본다. 예컨대 홋카이도의 개척사가 감자에서 녹말을 추출해 장기 보존하고, 안데스와 히말라야에서는 주민들이 감자를 가공해 보존 식량으

네팔 쿰부 고지에서 감자를 가공하는 모습. 감자를 삶은 후 햇볕에 말려
저장 식품으로 만든다.

로 만드는 기술을 개발했다. 이처럼 감자 가공에 관해서
는 여전히 세계 각지에서 개발된 토착 기술이 활용되는 단
계에 머물고 있다.

아프리카에 전파된 감자 재배

이런 동향을 인식하고 대책을 강구하는 국제기구도 있다. 그 대표적인 기구가 국제감자센터CIP(Centro Internacional De la Papa)이다. 이곳은 세계 15개 국제 농업연구센터의 하나로, 감자의 원산지인 페루 리마에 본부를 두고 세계 각지에서 모인 100여 명의 연구자들이 주로 개발도상국의 감자 증산에 관한 연구를 하고 있다. 또 세계 각지에 지부를 두고 감자 재배 지식과 기술 보급에 힘쓰고 있다.

실은 나도 1984년부터 1987년까지 3년간 국제감자센터의 객원연구원 자격으로 머물렀다. 나는 사회과학 부문 소속으로 이 밖에도 분류학, 유전육종학, 곤충학, 병리학, 생리학 등의 부문도 있었다. 그리고 이들 부문을 초월한 몇몇 팀이 구성되어 감자 재배와 이용에 관한 다양한 문제를 연구했다.

특히 국제감자센터가 주력한 분야는 병충해에 저항성을 지닌 품종을 개발하는 일이었다. 앞선 아일랜드의 예처럼 감자는 병충해에 약한 작물로, 내병성이 있는 품종 개발이 최우선 과제이기 때문이다. 또 생산성이 높은 개량종의 보급도 커다란 과제로 세계 각지에서 성과를 올리

국제감자센터CIP 본부. 왼쪽 벽의 그림은 국제감자센터의 로고 마크.

고 있다. 그런데 이상하게도 감자의 고향인 페루나 볼리비아 등의 중앙 안데스에는 개량종이 널리 보급되지 않았다. 이유가 무엇일까, 그것이 내가 국제감자센터에서 연구한 주제였다.

실은 앞선 제6장에서 이야기한 내용은 이 과제에 대해 내가 연구·조사한 결과이다.

다시 한 번 안데스 고지에서 개량종 보급이 지체된 이유에 대해 설명하면 그것은 다름 아닌 빈곤 때문이다. 앞서 말한 마르카파타의 농민들도 개량 품종의 존재를 알지만 좀처럼 구입할 수 없는 것이다. 현금 수입을 얻을 수단이 거의 없기 때문이다. 또 개량종을 구하려면 쿠스코 같은

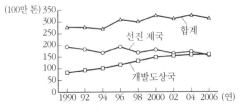

그림-2 세계의 감자 생산량. FAO STAT의 자료 참조

도시로 가야 하는데 교통비도 없을뿐더러 개량종의 수확
량을 높일 화학비료를 구입할 돈도 없다. 가장 중요한 것
은 개량종은 맛이 떨어지고 재래종보다 수분이 많기 때문
에 저장이 어렵다는 것이다. 그런 이유로 중앙 안데스에
서는 전통 방식으로 재래종을 재배하고, 비료는 잉카 시대
때부터 이용해온 가축분을 쓴다.

　안데스 고지의 상황은 이러하지만 세계적으로는 국제감
자센터의 공헌에 힘입어 감자 생산량이 크게 늘고 있다.
선진국들의 감자 생산량이 점차 줄고 있는 가운데 개발도
상국의 감자 생산량이 급증해 2006년에는 마침내 선진 제
국의 생산량을 능가할 정도가 되었다(그림-2). 여기에는 아
프리카와 같이 비교적 최근까지도 감자를 재배하지 않던
지역에서 감자를 재배하게 된 것도 관련이 있는 듯하다.

나도 2006년에 방문한 에티오피아에서 감자가 대량으로 재배되고 있는 모습을 보고 놀랐을 정도이다. 다만 에티오피아에서 감자를 재배하는 지역은 수도 아디스아바바 부근에 한정되어 있다. 아디스아바바대학의 게브레 인티소Gebre Yntiso 문화인류학 준교수의 이야기에 따르면, 에티오피아에 감자가 보급된 것은 비교적 최근 일로 주로 도시 지역에서 소비된다고 한다. 에티오피아에는 안데스 고지와 비슷한 냉량한 기후의 아비시니아고원이 있기 때문에 앞으로 아프리카에서도 감자 재배가 널리 전파될 가능성은 충분해 보였다.

그런데 에티오피아에서 돌아와 조사해보니 놀랍게도 아프리카에도 감자를 대량으로 재배하는 나라가 여럿 있었다. 예컨대 에티오피아의 인접국 케냐에는 이미 19세기 말에 감자가 도입되었다. 처음에는 유럽인들이 재배하고 소비했지만 머지않아 현지 주민들도 감자를 재배했다. 지금은 옥수수 다음으로 생산량이 많은 작물로 2006년 생산량은 78만 톤에 달한다. 케냐는 감자의 고향인 페루와 같이 저위도 지대에 위치하며, 해발 2,000m 전후의 고원이 펼쳐져 있어 감자 재배의 중심지로 자리 잡았다.

또 적도 바로 아래에 있는 르완다도 감자를 많이 재배하는 나라이다. 20세기 초 르완다에 도입된 감자는 오늘날 바나나 다음으로 중요한 작물이 되었다. 1961년 이후부터 감자 재배가 크게 늘면서 당시 10만 톤이 안 되던 생산량은 2005년 130만 톤까지 늘었다. 그리고 현재 르완다의 1인당 감자 소비량은 독일 등을 훨씬 뛰어넘는 124kg이다. 르완다도 케냐와 같은 열대권에 위치하며, 주로 해발 1,800m 이상의 냉량한 고지에서 감자가 재배되고 있다.

감자의 큰 가능성

유엔식량농업기구FAO는 2008년을 '세계 감자의 해International Year of The Potato'로 지정하고 감자류의 중요성에 대한 국제적인 이목을 집중시켰다. 구체적으로는 식량 안전보장, 빈곤 경감, 생물 다양성의 지속 가능한 이용, 농업 시스템의 지속 가능적 집약화 등의 연구 개발과 이를 감자 재배를 통해 촉진하고자 하는 시도였다. 이런 다양한 행사를 계기로 감자 재배가 더욱 확대될지 모른다.

하지만 감자 생산량 증가를 무턱대고 기뻐할 수만은 없

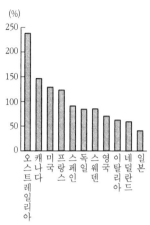

그림-3 주요 선진국의 식량 자급률. 일
본 농림수산성 통계 자료(2003년) 참조

다. 아일랜드의 대기근이 떠오르기 때문이다. 앞서 말했
듯이 아일랜드는 지나치게 감자에 의존한 탓에 참혹한 시
련을 겪었다. 아일랜드의 경우처럼 지나치게 단일 작물에
의존하는 것은 위험하다.

  같은 관점에서 곡물 수입에 편중한 일본의 식량 구조는
큰 위험성을 안고 있다고 할 수 있다.

  실제 일본의 식량 자급률은 계속해서 감소하고 있다.
내가 고등학생이던 1960년대 79%였던 일본의 식량 자급

률은 헤이세이 시대(1989~)가 되자 50%까지 떨어져 2007
년에는 39%에 이르렀다. 이것이 얼마나 비정상적인 수치
인지는 선진국들의 식량 자급률과 비교하면 분명히 알 수
있다. 그림-3은 일본 농림수산성에서 조사한 선진 10개국
의 식량 자급률을 나타낸 것이다. 일본의 식량 자급률은
현저히 낮으며 주요 선진국 중에서는 최하위이다.

참고로 이 조사에는 흥미로운 점이 있다. 식량 자급률
이 높은 10개국 중 6개 나라 즉, 캐나다, 프랑스, 미국, 독
일, 영국, 네덜란드는 제6장의 그림 6-4에도 나타나듯이
감자 생산량이 많은 나라이다. 이것은 결코 우연이 아니
다. 감자가 식량 자급률 향상에 크게 공헌한다고 생각되
기 때문이다.

한편 일본에서는 식량 자급률이 아직 40%에 가깝다며 안
심하는 사람이 있을지 모르지만 지역별로 보면 절대 안심
할 수 없을 것이다. 식량 자급률이 100%를 넘는 곳은 홋카
이도를 제외하면 아오모리, 이와테, 아키타, 야마가타의 동
북 지역 4개 현뿐이다. 다른 현들은 대부분 50% 이하 수준
이며, 도쿄는 1%, 오사카도 2%에 불과하다(둘 다 2008년 통계).

이런 상황에 불안을 느끼는 사람도 적지 않을 것이다.

절반 이상의 식량을 수입에 의존하고 그 식량의 안전성에 대한 불안감도 커지고 있다. 또 식량 자급률 저하에 관해서는 풍요로운 시대에 태어난 젊은이들조차 막연한 불안을 느끼게 되었다. 하물며 식량이 부족했던 시절을 어렴풋이나마 기억하는 나 같은 사람은 이런 상황이 두렵기까지 하다. 수입이 중단되고 절미節米를 강요당했던 것이 고작 60년 전의 일이기 때문이다.

밀, 옥수수 등의 곡물 가격 급등으로 식량 공급에 불안이 커진 지금이야말로 과거의 교훈을 되새겨 식량원으로서 커다란 가능성을 지닌 감자류의 장점을 돌아보고 미래를 대비해야 할 시기가 아닐까. 앞으로 20년간 세계의 인구는 매년 평균 1억 명씩 증가할 것으로 예측된다. 식량 문제는 더 이상 먼 미래의 일이 아니다. 지금도 이미 여러 지역에서 그 징조가 나타나고 있다.

후기

돌이켜보면 내가 감자에 관심을 갖게 된 지 벌써 40여 년이 흘렀다. 그 발단은 1966년 대학교 2학년을 마칠 무렵, 전공 과정 진학을 앞두고 진로를 고민하던 때의 일이었다. 그때 그야말로 운명적인 만남이 있었다. 이와나미 신서에서 펴낸 고故 나카오 사스케 선생의 『재배식물과 농경의 기원』이라는 책이다. 일본 문화가 조엽수림 지대를 통해 전파되었다는 독특한 조엽수림 문화론을 전개해 큰 관심을 모은 이 책은 지금도 쇄를 거듭하고 있는 명저이다.

다만 내 공부가 부족했던 탓인지 큰 감명은 받지 못했다. 그럼에도 이 책의 한 대목이 마음에 남았다. 그것은 당시 각광받던 조엽수림 문화론이 아닌 신대륙의 농경문화를 다룬 장章의 다음과 같은 대목이었다.

감자의 기원을 거슬러 올라가면 뜻밖의 사실을 알게 된다. 물론 감자는 신대륙 원산 식물이지만 볼리비아와 페루의 시골을 조사하면 의외의 사실들이 속속 드러난다. 잉카 문명의 후예들이 살고 있는 이 지역에서는 감자를 많이 재배한다.

이후에도 감자에 관한 기술이 이어진다. '의외의 사실들이 속속 드러난다'는 문장이 무척 인상적이었다. 또 '잉카 문명의 후예들이 살고 있다'는 대목도 마음을 끌었다. 그 후로도 이 대목은 묘하게 기억에 남아 오랫동안 사라지지 않았다. 어느샌가 볼리비아와 페루로 가 잉카 문명의 후예들을 만나고 그들이 일구는 감자밭을 직접 보고 싶다는 생각을 하게 되었다.

그런 내 바람이 실현된 것이 이 책의 '머리말' 부분에서 언급한 1968년의 안데스 재배식물 조사였다. 그 후부터 안데스를 중심으로 40년에 걸친 현지 조사가 이어졌다. 그리고 조사 과정에서 내 관심은 점차 감자에 집중되었다. 특히 본문 중에서도 소개한 마르카파타 마을 선주민들과 생활한 일이나 국제감자센터에서 객원연구원을 지낸 경험이 결정적인 영향을 미쳤다.

나는 이 책을 쓰기 직전인 2008년 1월 국제감자센터를 방문했다. 최근의 활동 상황을 알고 싶어서 찾아간 나는 크게 놀랐다. 유럽과 미국을 중심으로 세계 각국의 연구자들이 모인 그곳에 일본인 연구자는 10년 넘게 부재한 상태라는 것이었다. 꽤 오래전부터 일본의 국제 공헌의 필요성을 외치면서도 실상은 연구원조차 부재한 상황이라는 사실에 놀라지 않을 수 없었다. 또 장래의 식량 안전 보장을 위해서라도 국제감자센터와 같은 국제 농업연구센터에 일본인 연구자를 두고 세계의 식량 동향을 파악하는 것은 매우 중요한 일이다.

나는 감자가 인류 역사에 기여한 역할을 많은 이들에게 알리는 동시에 젊은 독자들 중 한 사람이라도 감자와 같은 작물에 관심을 갖고 연구해 세계 식량 문제에 공헌하기를 바라는 마음으로 이 책을 썼다. 내가 나카오 사스케 선생의 이와나미 신서를 읽고 감자와 안데스에 눈뜨게 된 것처럼 말이다.

이 책을 쓰기까지 실로 많은 분들의 도움이 있었다. 지면이 한정되어 있기 때문에 일본 조사에 도움을 주신 분들에 한해 감사의 말을 전하고 싶다. 먼저 이 책은 넓은 지역을 다루며 그 역사에 대해서도 이야기했기 때문에 내 능력을 넘는 부분이 많았다.

그런 부분에 관해서는 해당 분야에 조예가 깊은 전문가들의 조언을 구했다. 이나무라 데쓰야稲村哲也(아이치현립대학교), 가노 가쓰히코鹿野勝彦, 기쿠사와 리쓰코菊澤律子·사이토 아키라齋藤晃(국립 민족학박물관), 스에하라 다쓰로末原達郎(교토대학교), 도쿠라 유지藤倉雄司·혼고 아키오本江昭夫(오비히로축산대학교), 마야마 시게유키真山滋志(고베대학교) 선생들이 많은 도움을 주셨다.

또 홋카이도와 아오모리현의 현지 조사에서는 우지에 히토시氏家等(전 홋카이도 개척기념관), 사쿠라바 도시미桜庭俊美(전 가와라호 민속박물관), 가미노 마사히로神野正博(가미노 전분공장), 니시야마 가즈코西山和子(전 아오모리현 노헤지지구 농업개발센터), 고 히라오카 에이마쓰平岡栄松(히라오카 전분공장) 등 여러분들의 도움을 받았다.

이 책의 출간에도 많은 분들이 도움을 주셨다. 먼저 편집을 담당한 이와나미 신서 편집부의 오타 준코太田順子씨는 이 책의 구상에도 큰 도움을 주었다. 벌써 3년 전 일이지만 그 이후 오타 씨의 적확한 지시와 격려 덕분에 이 책을 완성할 수 있었다. 또한 국립 민족학박물관 도서 담당부의 곤도 도모코近藤友子 씨와 오카지마 레이코岡島礼子

씨는 수많은 문헌을 탐색하고 관련 내용을 차용하는 데 함께 힘써주셨다. 나와 함께 일하는 연구실의 야마모토 요코山本洋子 씨는 원고 입력과 도표 작성, 교정 등에 크게 도움을 주었다.

 이상 많은 분들의 도움이 있었기에 이 책을 출간할 수 있게 되었다. 마음 깊이 감사의 인사를 전한다.

2008년 4월 오사카 센리에서

야마모토 노리오

역자 후기

남아메리카 대륙에서 탄생한 감자는 유럽을 거쳐 전 세계로 전파되기까지 편견과 오해에서 비롯된 많은 우여곡절을 겪었다. 그런 고난 속에서도 잉카 문명을 탄생시켰으며, 전쟁과 기근이 닥칠 때마다 구황 작물로서 수많은 생명을 구하고 인구 증가에 큰 역할을 하는 등 감자가 인류 사회에 미친 영향은 계속 확대돼왔다.

오늘날 감자는 동서양을 막론한 세계 각지에서 주식은 물론 부식과 간식에 이르기까지 굽고 찌고 튀기는 온갖 다양한 방식으로 널리 소비되는 가장 대중적인 작물이 되었다. 지금은 흔하디흔한 채소로 그 소중함을 의식조차 하지 못하지만 감자가 걸어온 길을 돌이켜보면 이렇게 고마운 작물을 그동안 너무나 도외시한 것은 아니었나 하는 생각이 든다.

지금도 세계 어딘가에는 먹을 것이 없어 굶주리다 못해 목숨을 잃는 사람들이 있다. 혹독한 기후와 메마른 땅에서도 잘 자라는 감자의 강인한 생명력과 탄수화물은 물론 비타민, 미네랄 등의 풍부한 영양 성분은 과거가 아닌 현재에도 계속되고 있는 기아와 빈곤 그리고 식량 부족 문제를 해결하는 데 도움이 될 훌륭한 작물이다.

한편 미국 항공우주국NASA은 국제감자센터와 협력해 화성과 유사한 조건의 실험실을 만들어 감자를 재배하는 실험을 진행한 바 있다. 오랫동안 인류의 문명과 역사에 크게 기여한 감자가 머지않아 우주에서도 새로운 문명을 탄생시킬 밑거름이 될지 모른다.

옮긴이 김효진

참고 문헌(인용 문헌 포함)

- 아오모리현 환경생활부 문화·스포츠 진흥과 현 역사편찬실 『오가와라호 주변과 산본기하라 대지의 민속小川原湖周辺と三本木原台地の民俗』 2001년
- 아오모리현 교육회 편찬 『아오모리현 지리서青森県地誌』 야마토 학예도서大和学芸図書, 1978년
- 호세 데 아코스타Josédé Acosta 『신대륙 자연문화사 상·하新大陸自然文化史 上·下』(대항해 시대 총서), 마스다 요시오增田義郎 옮김, 이와나미서점岩波書店, 1966(원저는 1590)년
- 이토 슌타로伊藤俊太郎 『문명의 탄생文明の誕生』 고단샤학술문고講談社学術文庫, 1988년
- 잉카 가르실라소 데 라 베가Inca Garcilaso de la Vega 『잉카 왕조기 1 상·하インカ皇統記 1 上·下』(대항해 시대 총서 엑스트라 시리즈) 우시지마 노부아키牛島信明 엮음, 이와나미서점岩波書店, 1985(원저는 1609)년.
- 에가미 나미오江上波夫 『문명의 기원과 성립文明の起源とその成立』(에가미 나미오 저작집 2), 헤이본샤平凡社, 1986년
- 오쓰키 반스이大槻磐水 『난원적방蘭畹摘芳』(에도 과학고전 총서 31) 고와출판垣和出版, 1980(원저는 1831)년
- 오쿠무라 시게지로奥村繁次郎 『가정화양요리법家庭和洋料理法』 다이가쿠칸大学館, 1905년
- 가가와 요시코香川芳子 『오정증보 일본식품성분표 2006五訂增補 日本食品成分表 2006』 일본여자영양栄養대학교 출판부, 2005년
- 가노 가쓰히코鹿野勝彦 『셰르파 히말라야 고지 민족의 20세기シェルパヒマラヤ高地民族の20世紀』 메이케이도茗溪堂, 2001년
- 긴바라 사몬金原左門·다케마에 에이지竹前栄治 편저 『쇼와사 — 국민의 혼란과 격동의 반세기昭和史 — 国民の混乱と激動の半世紀』 유희카쿠선서有斐閣選書, 1982년
- 가모 기이치加茂儀一 『식품의 사회사食品の社会史』 가도카와쇼텐角川書店, 1957년
- 가와키타 미노루川北稔 『세계의 식문화 17 영국世界の食文化 17イギリス』 농

산어촌문화협회, 2006년

- 간운 로진寬雲老人『쓰쿠이 일기津久井日記』역사도서사歴史図書社, 1891년
- 게이가쿠도 슈진敬学堂主人『서양요리지남西洋料理指南』가리가네쇼오쿠雁金書屋, 1872년
- 경제잡지사経済雑誌社 편저『도쿠가와 실기徳川実記』경제잡지사経済雑誌社, 1907년
- 국립천문대 편저『이과연보理科年表』마루젠丸善, 2007년
- 고스케 케이코小菅桂子『일본 양식사にっぽん洋食物語』신초사新潮社, 1983년
- 반 고흐『고흐의 편지ゴッホの手紙』(세계 교양전집 12), 헤이본샤平凡社, 1973년
- 고바야시 도시오小林寿郎『권농업서 마령서勧農叢書 馬鈴薯』유린도有隣堂, 1892년
- 사이토 에리齊藤英里「19세기 아일랜드의 빈곤과 이민 — 연구사적 고찰 19世紀のアイルランドにおける貧困と移民 - 研究史的考察」『미타학회잡지三田学会雑誌』78(3): 82-92, 1985년
- 사이토 미나코斎藤美奈子『전시의 레시피 — 태평양전쟁 당시의 식문화 탐구戦下のレシピ 太平洋戦争下の食を知る』이와나미액티브신서岩波アクティブ新書, 2002년
- 사사자와 로요笹沢魯羊『시모기타 반도사下北半島史』(복원판) 메이쇼출판名著出版, 1978년
- 래리 주커먼Larry Zuckerman『세계를 구한 감자 — 감자의 문화사じゃがいもが世界を救った - ポテトの文化史』세키구치 아쓰시関口篤 옮김, 세이도샤青土社, 2003년
- 윌리엄 샌더스William T. Sanders, 조셉 마리노Joseph Marino 공저『현대문화인류학 6 신대륙의 선사학現代文化人類学 6 新大陸の先史学』가지마鹿島연구소출판회, 1972년
- 시에사 데 레온Cieza de León『잉카 제국사インカ帝国史』(대항해 시대 총서), 이와나미서점岩波書店, 1979(원저는 1553)년.
- —『격동기 안데스를 여행하며激動期アンデスを旅して』(앤솔로지・신세계의 도전 5), 이와나미서점岩波書店, 1993년
- 쇼와여자대학교 식품학연구실 편저『근대일본식품사近代日本食物史』근대문화연구소, 1971년
- 다카노 조에이高野長英「구황이물고救荒二物考」『일본농서전집 70 학자의 농서 2 日本農書全集 70 学者の農書 2』사토 쓰네오佐藤常雄 외 편저, 농산어촌문화협회, 1996년

- 단지 데루이치丹治輝一「마령서 녹말 제조법의 기술적 개선에 대하여 — 전전의 재래 공장의 경우馬鈴薯澱粉製造法の技術的改善について － 戦前の在来工場の場合－」『홋카이도 개척기념관 연구연보 제17호北海道開拓記念館研究年報 第17号』109-122, 홋카이도 개척기념관, 1989년
- 쓰키가와 마사오月川雅夫『나가사키 감자 발달사長崎ジャガイモ発達史』나가사키현 마령서 협회, 1990년
- 칼 피터 툰베리Carl Peter Thunberg『툰베리 일본기행ツンベルグ日本紀行』(이국 총서 4), 야마다 타마키山田珠樹 옮김, 유쇼도쇼텐雄松堂書店, 1975년
- 도쿄 요리강습회 감수『마령서 요리馬鈴薯のお料理』도쿄 요리강습회 발행, 1920년
- 버사 S. 다지Bertha S. Dodge『세계를 바꾼 식물 — 에덴의 정원에서 시작되었다世界を変えた植物 － それはエデンの園から始まった』시라하타 세쓰코白幡節子, 야사카쇼보八坂書房, 1988년
- 나카오 사스케中尾佐助「농업기원론農業起源論」모리시타 마사아키森下正明・기라 다쓰오吉良竜夫 편저『자연 — 생태학적 연구自然 － 生態学的研究』(이마니시 긴지今西錦司 박사 기념논문집), 주오코론샤中央公論社, 1967년
- 나카하라 다메오中原為雄「홋카이도의 마령서 녹말 제조기술의 변천北海道における馬鈴薯澱粉製造技術の変遷」야마자키 도시오山崎俊雄・마에다 기요타카前田清志 편저『일본의 산업 유산 — 산업고고학연구日本の産業遺産 － 産業考古学研究』다마가와玉川 대학교 출판부, 1986년
- 나카미치 히토시仲道等『도와타마치사 하권十和田村史 下巻』아오모리青森현 가미기타上北군 도와타마치十和田 사무소, 1955년
- 나루사와무라 잡지 편찬위원회『나루사와무라 잡지鳴沢村誌』나루사와무라鳴沢村, 1988년
- 히오키 준세이日置順正「샤리 마치의 녹말 생산에 대하여斜里町の澱粉生産について」『시레토코 박물관연구보고知床博物館研究報告』13: 31-64, 1991년
- 프랭클린 피스Franklin Pease・마스다 요시오増田義雄「잉카 제국 도감図説インカ帝国」요시이 유타카義井豊 사진, 쇼가쿠칸小学館, 1988년
- 페드로 피사로Pedro Pizarro「페루 왕국의 발견과 정복ペルー － 王国の発見と征服」『페루 왕국사ペルー － 王国史』(대항해 시대 총서 제2기 16), 이와나미서점岩波書店, 1984년
- 호시카와 기요치카星川清親 편저『감자 — 흙의 선물いも － 見直そう土からの恵み』일본여자영양대학교 출판, 1985년
- ―『재배식물의 기원과 전파栽培植物の起源と伝播』니노미야쇼텐二宮書店, 1978년

- 홋카이도청 내무부 『마령서 녹말에 관한 조사馬鈴薯澱粉二関する調査』 홋카이도청 내무부 편저, 1917년
- 헨리 홉하우스Henry Hobhouse 『역사를 바꾼 씨앗 ─ 인간의 역사를 창조한 다섯 가지 식물歷史を変えた種 ─ 人間の歷史を創った5つの植物』 아베 미키오阿部三樹夫 · 모리 히토시森仁史 옮김, 퍼스널미디어, 1987년
- 미나미 나오토南直人 『세계의 식문화 18 독일世界の食文化 18 ドイツ』 농산어촌문화협회, 2003년
- ─ 『유럽의 입맛은 어떻게 바뀌었을까 ─ 19세기 식탁 혁명ヨーロッパの舌はどう変わったか ─ 19世紀食卓革命』 고단샤講談社, 1998년
- 커비 밀러Kerby Miller · 폴 바그너Paul Wagner 『아일랜드에서 아메리카로 ─ 700만 아일랜드 민족 이야기アイルランドからアメリカへ ─ 700万アイルランド人移民の物語』 모기 켄茂木健 옮김, 도쿄소겐샤東京創元社, 1998년
- T. W. 무디Moody · F. X. 마틴Martin 『아일랜드의 풍토와 역사アイルランドの風土と歷史』 호리코시 사토시堀越智 옮김, 론소샤論創社, 1982년
- 헨리 메이휴Henry Mayhew 『런던 뒷골목의 생활사(상) ─ 빅토리아 시대ロンドン路地裏の生活誌 上 ─ ヴィクトリア時代』 우에마쓰 야스오植松靖夫 옮김, 하라쇼보原書房, 1992년
- 모리야마 야스타로森山泰太郎 외 편저 『아오모리의 식사聞き書 青森の食事』 (일본의 식생활 전집 1), 농산어촌문화협회, 1986년
- 야마모토 노리오山本紀夫 「작물과 가축이 바꾼 역사 ─ 또 하나의 세계사作物と家畜が変えた歷史 ─ もう一つの世界史」 가와타 준조川田順造 · 오누키 요시오大貫良夫 편저 『생태의 지역사生態の地域史』 야마카와山川출판사, 2000년
- ─ 「전통 농업의 배경 ─ 중앙 안데스 고지伝統農業の背後にあるもの ─ 中央アンデス高地の側から」 다나카 고지田中耕司 편저 『자연과 결합 ─ 농업의 다양성自然と結ぶ ─ 農にみる多様性』 쇼와도昭和堂, 2000년
- ─ 『감자와 잉카 제국 ─ 문명을 창조한 식물ジャガイモとインカ帝国 ─ 文明を生んだ植物』 도쿄대학교 출판회, 2004년
- ─ 「산악 문명을 창조한 안데스 농업과 그 딜레마山岳文明を生んだアンデス農業とそのジレンマ」 우메사오 다다오梅棹忠夫 · 야마모토 노리오山本紀夫 편저 『산의 세계 자연 · 문화 · 생활山の世界 自然 · 文化 · 暮らし』 이와나미서점岩波書店, 2004년
- 야마모토 노리오山本紀夫 · 이나무라 데쓰야稲村哲也 편저 『히말라야의 환경 ─ 산악 지역의 자연과 셰르파의 세계ヒマラヤの環境誌 ─ 山岳地域の自然とシェルパの世界』 야사카쇼보八坂書房, 2000년

- 베르톨트 라우퍼Berthold Laufer『감자 전파기ジャガイモ伝播考』후쿠야 세이슈 福屋正修 옮김, 하쿠힌샤博品社, 1994년

- Bauhin, Caspar Prodromos Theatri Botanici. Frankfurt, 1620
- Burger, R. L. and N. J. Van der Merwe Maize and the Origin of Highland Chavín Civilization: *An isotopic perspective. American Anthropologist* 92⑴ 85-95, 1990
- Donnelly, Jr. James S. *The Great Irish Potato Famine*. Sutton Publishing, 2001
- Durr, G., Lorenzl, *G. Potato Production and Utilization in Kenya.* Centro Internacional de la Papa Lima, Peru, 1980
- Eden, Sir Frederic Morton *The State of The Poor; Volume One*. Augustus M. Kelley Publishers, 1964
- Fürer-Haimendorf, Christoph von *The Sherpas of Nepal: Buddhist* Highlanders. Sterling Publisher, 1964
- Gerard, John *The Heball ; or, General Historie of Plantes.* London, 1597
- Gray, Peter *The Irish Famine.* Thames & Hudson, London, 1995
- Guaman Poma de Ayala, F. *Nueva corónica y buen Gobierno.* Siglo XXI/ IEP, Mexico, 1980⑴₆₁₃
- Hawkes, J. G. T*he Potato Evolution, Biodiversity and Genetic Resources.* Belhaven Press, London, 1990
- Hawkes, J. G. and J. Francisco-Ortega The Potato in Spain during the Late 19th Century. *Economic Botany* 46⑴: 86-97l, 1992
- Hooker, Joseph Dalton *Himalayan Journals: Note of a Naturalist.* Today & Tomorrow's Printers & Publishers, 1855
- Horton, Douglas *Potatoes: Production, Marketing, and Programs for Developing Countries.* Westview Press, 1987
- Kolata, A. *The Tiwanaku: Portrait of an Andean Civilizataion.* Blackwell Publ., Cambridge, 1993
- Langer, W. L. American Foods and Europe's Growth 1750-1850. *Journal of Social History* 8⑵: 51-66, 1975
- Litton, Helen T*he Irish Famine: An Illustrated History.* Wolfhound Press, 1994

- Matienzo, J. de *Gobierno del perú*. Travaux del'Institut Francais d'Etude Andines. T. XI. Institut Francais d'Etude Andines. Paris, 1967(1567)
- ※Philips, Henry *History of Cultivated Vegatables*. London, 1822
- Rowe, J. H. Urban Settlements in Ancient Peru. *Ñawpa Pacha* 1:1-37, 1963
- Salaman, Redcliffe N. *The History and Social Influence of The Potato*. Cambridge University Press, 1949
- ※Serres, Olivier De, *Théâtre d'Agriculture et Mesnage des Champs*. Paris, 1802(1600)
- Stevens, Stanley F. *Claiming the High Ground: Sherpas, Subsistence, and Environmental Change in the Highest Himalaya*. Motilal Banarsidass, Delhi, 1996
- Teuteberg, H., G. Wiegelmann, *Der Wandel der Nahrungsgewohnheiten unter dem Einflußder Industrialisierung*. Göttingen: Vandenhoeck & Ruprecht 1972
- Turner, Michael *After the Famine: Irish Agriculture 1850-1914*. Cambridge University Press, 1996
- Walton, J. K. *Fish and Chips and the British Working Class, 1870-1940*. Leicester, 1992
- Woodham-Smith, Cecil *The Great Hunter: Ireland 1845-1849*. Penguin Books, 1962
- Woolfe, J. A. *The Potato in the Human Diet*. Cambridge University Press, 1987

※표시는 직접 참조하지 못한 문헌

일본의 지성을 읽는다

001 이와나미 신서의 역사
가노 마사나오 지음 | 기미정 옮김 | 11,800원

일본 지성의 요람, 이와나미 신서!
1938년 창간되어 오늘날까지 일본 최고의 지식 교양서 시리즈로 사랑받고 있는 이와나미 신서. 이와나미 신서의 사상·학문적 성과의 발자취를 더듬어본다.

002 논문 잘 쓰는 법
시미즈 이쿠타로 지음 | 김수희 옮김 | 8,900원

이와나미서점의 시대의 명저!
저자의 오랜 집필 경험을 바탕으로 글의 시작과 전개, 마무리까지, 각 단계에서 염두에 두어야 할 필수사항에 대해 효과적이고 실천적인 조언이 담겨 있다.

003 자유와 규율 -영국의 사립학교 생활-
이케다 기요시 지음 | 김수희 옮김 | 8,900원

자유와 규율의 진정한 의미를 고찰!
학생 시절을 퍼블릭 스쿨에서 보낸 저자가 자신의 체험을 바탕으로, 엄격한 규율 속에서 자유의 정신을 훌륭하게 배양하는 영국의 교육에 대해 말한다.

004 외국어 잘 하는 법
지노 에이이치 지음 | 김수희 옮김 | 8,900원

외국어 습득을 위한 확실한 길을 제시!!
사전·학습서를 고르는 법, 발음·어휘·회화를 익히는 법, 문법의 재미 등 학습을 위한 요령을 저자의 체험과 외국어 달인들의 지혜를 바탕으로 이야기한다.

005 일본병 -장기 쇠퇴의 다이내믹스-

가네코 마사루, 고다마 다쓰히코 지음 | 김준 옮김 | 8,900원

일본의 사회·문화·정치적 쇠퇴, 일본병!
장기 불황, 실업자 증가, 연금제도 파탄, 저출산·고령화의 진행, 격차와 빈곤의 가속화 등의 「일본병」에 대해 낱낱이 파헤친다.

006 강상중과 함께 읽는 나쓰메 소세키

강상중 지음 | 김수희 옮김 | 8,900원

나쓰메 소세키의 작품 세계를 통찰!
오랫동안 나쓰메 소세키 작품을 음미해온 강상중의 탁월한 해석을 통해 나쓰메 소세키의 대표작들 면면에 담긴 깊은 속뜻을 알기 쉽게 전해준다.

007 잉카의 세계를 알다

기무라 히데오, 다카노 준 지음 | 남지연 옮김 | 8,900원

위대한 「잉카 제국」의 흔적을 좇다!
잉카 문명의 탄생과 찬란했던 전성기의 역사, 그리고 신비에 싸여 있는 유적 등 잉카의 매력을 풍부한 사진과 함께 소개한다.

008 수학 공부법

도야마 히라쿠 지음 | 박미정 옮김 | 8,900원

수학의 개념을 바로잡는 참신한 교육법!
수학의 토대라 할 수 있는 양·수·집합과 논리·공간 및 도형·변수와 함수에 대해 그 근본 원리를 깨우칠 수 있도록 새로운 관점에서 접근해본다.

009 우주론 입문 -탄생에서 미래로-

사토 가쓰히코 지음 | 김효진 옮김 | 8,900원

물리학과 천체 관측의 파란만장한 역사!
일본 우주론의 일인자가 치열한 우주 이론과 관측의 최전선을 전망하고 우주와 인류의 먼 미래를 고찰하며 인류의 기원과 미래상을 살펴본다.

010 우경화하는 일본 정치
나카노 고이치 지음 | 김수희 옮김 | 8,900원

일본 정치의 현주소를 읽는다!
일본 정치의 우경화가 어떻게 전개되어왔으며, 우경화를 통해 달성
하려는 목적은 무엇인가. 일본 우경화의 전모를 낱낱이 밝힌다.

011 악이란 무엇인가
나카지마 요시미치 지음 | 박미정 옮김 | 8,900원

악에 대한 새로운 깨달음!
인간의 근본악을 추구하는 칸트 윤리학을 철저하게 파고든다. 선한
행위 속에 어떻게 악이 녹아들어 있는지 냉철한 철학적 고찰을 해본
다.

012 포스트 자본주의 -과학·인간·사회의 미래-
히로이 요시노리 지음 | 박제이 옮김 | 8,900원

포스트 자본주의의 미래상을 고찰!
오늘날 「성숙·정체화」라는 새로운 사회상이 부각되고 있다. 자본주
의·사회주의·생태학이 교차하는 미래 사회상을 선명하게 그려본
다.

013 인간 시황제
쓰루마 가즈유키 지음 | 김경호 옮김 | 8,900원

새롭게 밝혀지는 시황제의 50년 생애!
시황제의 출생과 꿈, 통일 과정, 제국의 종언에 이르기까지 그 일생을
생생하게 살펴본다. 기존의 폭군상이 아닌 한 인간으로서의 시황제
를 조명해본다.

014 콤플렉스
가와이 하야오 지음 | 위정훈 옮김 | 8,900원

콤플렉스를 마주하는 방법!
「콤플렉스」는 오늘날 탐험의 가능성으로 가득 찬 미답의 영역, 우리
들의 내계, 무의식의 또 다른 이름이다. 융의 심리학을 토대로 인간의
심층을 파헤친다.

015 배움이란 무엇인가
이마이 무쓰미 지음 | 김수희 옮김 | 8,900원

'좋은 배움'을 위한 새로운 지식관!
마음과 뇌 안에서의 지식의 존재 양식 및 습득 방식, 기억이나 사고의
방식에 대한 인지과학의 성과를 바탕으로 배움의 구조를 알아본다.

016 프랑스 혁명 -역사의 변혁을 이룬 극약-
지즈카 다다미 지음 | 남지연 옮김 | 8,900원

프랑스 혁명의 빛과 어둠!
프랑스 혁명은 왜 그토록 막대한 희생을 필요로 하였을까. 시대를 살
아가던 사람들의 고뇌와 처절한 발자취를 더듬어가며 그 역사적 의
미를 고찰한다.

017 철학을 사용하는 법
와시다 기요카즈 지음 | 김진희 옮김 | 8,900원

철학적 사유의 새로운 지평!
숨 막히는 상황의 연속인 오늘날, 우리는 철학을 인생에 어떻게 '사용'
하면 좋을까? '지성의 폐활량'을 기르기 위한 실천적 방법을 제시한다.

018 르포 트럼프 왕국 -어째서 트럼프인가-
가나리 류이치 지음 | 김진희 옮김 | 8,900원

또 하나의 미국을 가다!
뉴욕 등 대도시에서는 알 수 없는 트럼프 인기의 원인을 파헤친다. 애
팔래치아 산맥 너머, 트럼프를 지지하는 사람들의 목소리를 가감 없
이 수록했다.

019 사이토 다카시의 교육력 -어떻게 가르칠 것인가-
사이토 다카시 지음 | 남지연 옮김 | 8,900원

창조적 교육의 원리와 요령!
배움의 장을 향상심 넘치는 분위기로 이끌기 위해 필요한 것은 가르
치는 사람의 교육력이다. 그 교육력 단련을 위한 방법을 제시한다.

020 원전 프로파간다 -안전신화의 불편한 진실-

혼마 류 지음 | 박제이 옮김 | 8,900원

원전 확대를 위한 프로파간다!
언론과 광고대행사 등이 전개해온 원전 프로파간다의 구조와 역사를 파헤치며 높은 경각심을 일깨운다. 원전에 대해서, 어디까지 진실인가.

021 허블 -우주의 심연을 관측하다-

이에 마사노리 지음 | 김효진 옮김 | 8,900원

허블의 파란만장한 일대기!
아인슈타인을 비롯한 동시대 과학자들과 이루어낸 허블의 영광과 좌절의 생애를 조명한다! 허블의 연구 성과와 인간적인 면모를 살펴볼 수 있다.

022 한자 -기원과 그 배경-

시라카와 시즈카 지음 | 심경호 옮김 | 9,800원

한자의 기원과 발달 과정!
중국 고대인의 생활이나 문화, 신화 및 문자학적 성과를 바탕으로, 한자의 성장과 그 의미를 생생하게 들여다본다.

023 지적 생산의 기술

우메사오 다다오 지음 | 김욱 옮김 | 8,900원

지적 생산을 위한 기술을 체계화!
지적인 정보 생산을 위해 저자가 연구자로서 스스로 고안하고 동료들과 교류하며 터득한 여러 연구 비법의 정수를 체계적으로 소개한다.

024 조세 피난처 -달아나는 세금-

시가 사쿠라 지음 | 김효진 옮김 | 8,900원

조세 피난처를 둘러싼 어둠의 내막!
시민의 눈이 닿지 않는 장소에서 세 부담의 공평성을 해치는 온갖 악행이 벌어진다. 그 조세 피난처의 실태를 철저하게 고발한다.

025 고사성어를 알면 중국사가 보인다

이나미 리쓰코 지음 | 이동철, 박은희 옮김 | 9,800원

고사성어에 담긴 장대한 중국사!
다양한 고사성어를 소개하며 그 탄생 배경인 중국사의 흐름을 더듬어본다. 중국사의 명장면 속에서 피어난 고사성어들이 깊은 울림을 전해준다.

026 수면장애와 우울증

시미즈 데쓰오 지음 | 김수희 옮김 | 8,900원

우울증의 신호인 수면장애!
우울증의 조짐이나 증상을 수면장애와 관련지어 밝혀낸다. 우울증을 예방하기 위한 수면 개선이나 숙면법 등을 상세히 소개한다.

027 아이의 사회력

가도와키 아쓰시 지음 | 김수희 옮김 | 8,900원

아이들의 행복한 성장을 위한 교육법!
아이들 사이에서 타인에 대한 관심이 사라져가고 있다. 이에 「사람과 사람이 이어지고, 사회를 만들어나가는 힘」으로 「사회력」을 제시한다.

028 쑨원 -근대화의 기로-

후카마치 히데오 지음 | 박제이 옮김 | 9,800원

독재 지향의 민주주의자 쑨원!
쑨원, 그 남자가 꿈꾸었던 것은 민주인가, 독재인가? 신해혁명으로 중화민국을 탄생시킨 희대의 트릭스터 쑨원의 못다 이룬 꿈을 알아본다.

029 중국사가 낳은 천재들

이나미 리쓰코 지음 | 이동철, 박은희 옮김 | 8,900원

중국 역사를 빛낸 56인의 천재들!
중국사를 빛낸 걸출한 재능과 독특한 캐릭터의 인물들을 연대순으로 살펴본다. 그들은 어떻게 중국사를 움직였는가?!

030 마르틴 루터 -성서에 생애를 바친 개혁자-

도루젠 요시카즈 지음 | 김진희 옮김 | 8,900원

성서의 '말'이 가리키는 진리를 추구하다!
성서의 '말'을 민중이 가슴으로 이해할 수 있도록 평생을 설파하며 종교개혁을 주도한 루터의 감동적인 여정이 펼쳐진다.

031 고민의 정체

가야마 리카 지음 | 김수희 옮김 | 8,900원

현대인의 고민을 깊게 들여다본다!
우리 인생에 밀접하게 연관된 다양한 요즘 고민들의 실례를 들며, 그 심층을 살펴본다. 고민을 고민으로 만들지 않을 방법에 대한 힌트를 얻을 수 있을 것이다.

032 나쓰메 소세키 평전

도가와 신스케 지음 | 김수희 옮김 | 9,800원

일본의 대문호 나쓰메 소세키!
나쓰메 소세키의 작품들이 오늘날에도 여전히 사람들의 마음을 매료시키는 이유는 무엇인가? 이 평전을 통해 나쓰메 소세키의 일생을 깊이 이해하게 되면서 그 답을 찾을 수 있을 것이다.

033 이슬람문화

이즈쓰 도시히코 지음 | 조영렬 옮김 | 8,900원

이슬람학의 세계적 권위가 들려주는 이야기!
거대한 이슬람 세계 구조를 지탱하는 종교·문화적 밑바탕을 파고들며, 이슬람 세계의 현실이 어떻게 움직이는지 이해한다.

034 아인슈타인의 생각

사토 후미타카 지음 | 김효진 옮김 | 8,900원

물리학계에 엄청난 파장을 몰고 왔던 인물!
아인슈타인의 일생과 생각을 따라가 보며 그가 개척한 우주의 새로운 지식에 대해 살펴본다.

035 음악의 기초
아쿠타가와 야스시 지음 | 김수희 옮김 | 9,800원

음악을 더욱 깊게 즐길 수 있다!
작곡가인 저자가 풍부한 경험을 바탕으로 음악의 기초에 대해 설명
하는 특별한 음악 입문서이다.

036 우주와 별 이야기
하타나카 다케오 지음 | 김세원 옮김 | 9,800원

거대한 우주의 신비와 아름다움!
수많은 별들을 빛의 밝기, 거리, 구조 등 다양한 시점에서 해석하고
분류해 거대한 우주 진화의 비밀을 파헤쳐본다.

037 과학의 방법
나카야 우키치로 지음 | 김수희 옮김 | 9,800원

과학의 본질을 꿰뚫어본 과학론의 명저!
자연의 심오함과 과학의 한계를 명확히 짚어보며 과학이 오늘날의
모습으로 성장해온 궤도를 사유해본다.

038 교토
하야시야 다쓰사부로 지음 | 김효진 옮김

일본 역사학자의 진짜 교토 이야기!
천년 고도 교토의 발전사를 그 태동부터 지역을 중심으로 되돌아보
며, 교토의 역사와 전통, 의의를 알아본다.

039 다윈의 생애
야스기 류이치 지음 | 박제이 옮김

다윈의 진솔한 모습을 담은 평전!
진화론을 향한 청년 다윈의 삶의 여정을 그려내며, 위대한 과학자가
걸어온 인간적인 발전을 보여준다.

040 일본 과학기술 총력전 -근대150 체제의 파탄

야마모토 요시타카 지음 | 서의동 옮김

구로후네에서 후쿠시마 원전까지!
메이지 시대 이후 「과학기술 총력전 체제」가 이끌어온 근대 일본 150
년. 그 역사의 명암을 되돌아본다.

041 밥 딜런 -록의 영혼-

유아사 마나부 지음 | 김수희 옮김

밥 딜런, ROCK의 역사를 바꾸다!
밥 딜런의 인생 발자취와 작품들의 궤적을 하나하나 짚어가며 우리
를 현혹해 마지않는 트릭스터의 핵심에 접근한다.

042 감자로 보는 세계사 -문명 · 기근 · 전쟁-

야마모토 노리오 지음 | 김효진 옮김

인류 역사와 문명에 기여해온 감자!
안데스의 농경문화를 중심으로 40년에 걸쳐 히말라야, 아프리카, 유
럽, 일본 등지를 조사한 저자가 감자와 인간의 관계 속에 숨은 역사의
드라마를 엮어낸다.

IWANAMI 042

감자로 보는 세계사
-문명 · 기근 · 전쟁-

초판 1쇄 인쇄 2019년 7월 10일
초판 1쇄 발행 2019년 7월 15일

저자 : 야마모토 노리오
번역 : 김효진

펴낸이 : 이동섭
편집 : 이민규, 서찬웅, 탁승규
디자인 : 조세연, 백승주, 김현승
영업 · 마케팅 : 송정환
e-BOOK : 홍인표, 김영빈, 유재학, 최정수
관리 : 이윤미

㈜에이케이커뮤니케이션즈
등록 1996년 7월 9일(제302-1996-00026호)
주소 : 04002 서울 마포구 동교로 17안길 28, 2층
TEL : 02-702-7963~5   FAX : 02-702-7988
http://www.amusementkorea.co.kr

ISBN 979-11-274-2657-6 04900
ISBN 979-11-7024-600-8 04080

JAGAIMO NO KITA MICHI —BUNMEI KIKIN SENSO—
by Norio Yamamoto
Copyright © 2008 by Norio Yamamoto
First published 2008 by Iwanami Shoten, Publishers, Tokyo.
This Korean print form edition published 2019
by AK Communications, Inc., Seoul
by arrangement with Iwanami Shoten, Publishers, Tokyo.

이 도서의 국립중앙도서관 출판예정도서목록(CIP)은 서지정보유통지원시스템 홈페이지
(http://seoji.nl.go.kr)와 국가자료공동목록시스템(http://www.nl.go.kr/kolisnet)에서 이용
하실 수 있습니다. (CIP제어번호: CIP2019023800)

*잘못된 책은 구입한 곳에서 무료로 바꿔드립니다.